八卦艺术史

Gossips in Art History

祺四　著

海峡出版发行集团 | 鹭江出版社
THE STRAITS PUBLISHING & DISTRIBUTING GROUP | LUJIANG PUBLISHING HOUSE

2014年·厦门

序

第一次见祺四的时候是冬天。

她穿着毛色油亮的裘衣站在大雪中，肤白唇红，活像传说中出门踏雪寻梅的薛宝琴。一见我就笑开了，“走，带你吃饭去！”

这就是祺四，她永远不会低眉顺眼地说“陪我吃饭吧”，只会一挥手“带你去吃饭”。

那顿饭吃得很畅快。我们聊了爱看的书，交流了最近在研究的画，又一起调侃了学术圈里的陈腐之气，最后共同表示趣味才是人生阅读中的头等大事。初次见面执手垂泪，相见恨晚，共鸣之深就快赶上伯牙子期了。

一顿饭吃出个知己，对于我这位多情的双子座来说并不是奇事。奇的是，我从没见过有人在饭桌上侃侃而谈的同时，能仪态万千地狼吞虎咽。

酒过三巡，桌上还剩半碟冷盆。器皿里的碎冰渣子正在暖气中一点点融化，而那上面躺着的两片极其光滑的鹅肝，肥得发油发亮，真馋人。我正打着它们的主意，又犹豫着矜持，冷不丁祺四停下话头催我，“快把这两片吃了”。

心思被看穿，我立马虚情假意地推辞，“不不不你吃了吧”。谁知她立刻一个优美的叶底穿蝶，玲珑伸箸，利落地扫走了那最后两片鹅肝。我傻盯着她以迅雷不及掩耳之势将它们送进自己嘴里，然后挥帕一拭，像个吃饱肚子的小孩一样心满意足地将筷子放下，抿口一笑，接着用两根染着丹蔻的手指，把长发撩到了肩膀一边。

这顿饭奠定了我对祺四的两个基础认知：一，跟她吃饭要猛。二，这人真是妩媚天真，痛快淋漓。

这八个字也可以概括她的文章。

2013 年祺四决定用寒窗所学，在新媒体上写一些真正让每个人都能看得懂的艺术。《八卦艺术史》是其中的开门栏目，也是祺四的专栏。她用个性鲜明、通俗易懂的语言，每周在微博上讲一个有关欧洲历史人物，或外国艺术家的八卦故事。

我从没见过谁讲故事讲得如此有生命力。她提起那些天才、神祇、英雄的口吻，如同在聊自家亲眷，谈得亲昵，谈得泼辣，谈得入木三分。那些在教科书中长久被传奇化的偶像，终于相继走下了神坛。在祺四的故事里，有贪财的美人，有好色的英雄，有携带骗子和杀手基因的诗人拜伦，有面临婆媳问题困扰的茜茜公主，有因爱生恨而将情人毁容的贝尼尼。人性中的欲望与挣扎被推到了灯光下，于是完美和伟大的躯壳终于破裂，露出的是一个个有悲有喜、有血有肉的普通人。

故事开讲后，吸引了许多读者。其中有工程师、金融家、律师，他们也渐渐认识了巴洛克大师，开始不害怕逛博物馆，开始对一张张西方历史画产生浓厚的兴趣。理科与文科、东方与西方的天然屏障，在祺四的故事里轻松消融了。因为她讲的是关于人的艺术。艺术由人创造，人性自将艺术还给我们。

但同时，还有不少作家、编剧、画家，甚至是拍卖行、博物馆与高校中的同行们，开始关注这个系列，并前来热切交流。那是因为祺四的八卦背后，蕴含着十载寒窗苦读的扎实学院功夫。虽然轻松俏皮的文笔读来趣味盎然，但其中的专业知识细究起来，都值得反复咀嚼，耐得细细考问，更能予人无限创作灵感。

微博上十多万人因为八卦艺术史而燃起了好奇心。他们中有人开始不惧怕欣赏艺术，开始走进美术馆，开始看更多的艺术史书籍，这让我感到，与祺四结识以来的共同工作万分值得。因为我们都深信，今天的艺术不需要玄虚的语言护航，不需要被供奉在高高的神坛，更不该被用来妆点小部分人的优越感，艺术是属于每个人的。而祺四和我，也将为传播全民都能读懂的艺术，继续努力尝试。

如今，祺四将《八卦艺术史》修订后结集成册，希望推广给更多具有好奇心的人们。八卦不是艺术史的本质，不是艺术史的全部，但它是一块很好的垫脚石，送你翻身跨上一匹叫兴趣的野马，不知不觉中就奔腾在了艺术的广阔世界。它将是你书架上一本讲故事的精美画册，一本有趣的艺术导读，一份历史的秘密札记，一扇打开欧洲文化的门。

更重要的是，它辛辣风趣，跌宕起伏，读来时而让你豪情万丈，时而催人百结愁肠。知识十分重要，但还有什么比精彩好看的叙述方式更让人念念不忘？

就如同我们冬天那第一顿饭时曾说了那么多理想，但我如今惦记着的，还是抢那两片鹅肝时的活色生香。

X 圆

甲午年秋夜，于姑苏城

目录

4

圣 经 旧 典 中 的 八 卦

5

诗 歌 传 说 中 的 八 卦

6

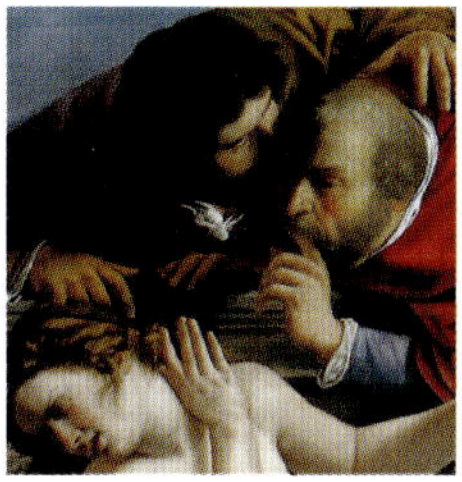

大 艺 术 家 们 的 八 卦

To Miss XO and Miss LJ,

and the embarkation of our new journey together.

八　卦　艺　术　史

George Martin Ignaz Raab, *Empress Elisabeth as Queen of Hungary*, 1867.
乔治·马丁·伊格纳茨·拉伯，《匈牙利王后伊丽莎白》，1867 年

天下至尊们的八卦

茜茜公主

习习金丝笼中雀　郁郁一生难自决

她风华绝代出身名门，

命运注定推她坐上那万人仰望的宝座。

却也正是这锦衣玉食至尊至贵，

困住了她所向往的自由和洒脱。

被富贵所囿的笼中鸟，

虽有心惊晓梦，

总无计啭春风，

催人怜之惜之又叹之。

请看茜茜公主，

幸运却并不那么快乐的一生。

Miklós Barabás, *Portrait of Emperor Franz Joseph I*, 1853.

米克洛什·鲍劳巴什，《奥地利皇帝弗朗茨·约瑟夫一世画像》，1853 年

George Martin Ignaz Raab, *Portrait of Empress Elisabeth,* circa 1877.

乔治·马丁·伊格纳茨·拉伯，《伊丽莎白皇后画像》，约 1877 年

这篇八卦是一出人间悲喜剧：故事是关于一朵一生不可自决的人间富贵花。很多人一定看出了，女主角就是茜茜公主。她是奥匈帝国在位最长的皇后，也是她老公痴爱一生的女人。她出身富贵，教育良好，体态优雅，相貌倾城。她在家做女公爵，出嫁做皇后，嫁给了自己的皇帝表哥。可以说，老天爷把能给她的都给她了。你问，她还有什么不满足？

有人也许会想，她都拥有那么多，还矫情个什么？我知道，你们一定一个个顿时华妃附身。但悲剧这个东西，从不分贫贱富贵。屌丝和白富美们有同样的概率获得幸福和不幸。这是命运，无从抵抗。看完这篇八卦后，你会知道一个什么都有的人，到底人生能有多悲剧。可以说，她的幸福，永远停留在了 15 岁。**# 这期八卦也叫作：贵人们的烦恼 #**

伊丽莎白（Elisabeth of Austria），昵称茜茜（Sisi），生在一个规矩宽松的贵族家庭里，亲爹就是一个天天不按规矩办事的公爵。可以说，她坐拥白富美的人生，却不必去遵守财富地位所带来的规矩和责任。简单来说，那就是个幸福得像花儿一般的生活。这也养成了她想干嘛就干嘛、不受拘束的性子。她就是俗称的，风一样的女纸。

可惜，好日子从来不长久。她命运的转折点就在 15 岁那年。她有位做了皇太后的姨妈要给自己的儿子弗朗茨・约瑟夫皇帝（Franz Joseph I of Austria）选一位皇后。而秉着肥水不流外人田的道理，皇太后想要自己的外甥女做儿媳妇。心想，娶个娘家人进来，肯定不会跟她唱反调。她看了一圈自家的姐妹，觉得小妹家的大女儿，乖巧懂事，最合她意。

皇太后也没问自己儿子同意不同意，就直接下旨召妹妹和她的女儿们来行宫见驾，然后又跟儿子下令说，到时候见面你就求婚。**# 满满都是霸气 #** 她这个做皇帝的儿子是她一手带起来的，长这么大就没怎么反驳过自己的老妈，所以刚开始也就同意了。毕竟，娶谁不是娶，反正女人对他来说都一样。就这样，他也跟着去了行宫。**# 那些总是抱怨自己嫁不出是因为丑的姑娘，明白了吗？丑不是你们嫁不出的原因，而是因为没钱 ## 有钱有地位，再丑也不愁嫁 #**

本来，规定是茜茜一行人先到行宫，梳洗打扮穿戴好后，好好歇个几天，皇帝才会来。但因为茜茜的老妈一路上总是生病，就拖累了行程。等她们到时，皇帝一行人也到了。更倒霉的是，她们装礼服的马车还丢了。当时茜茜她们正在为了某个亲戚服丧，所以穿戴都是黑礼服。可没办法，皇帝已经到了，再做礼服也来不及了，一群人只能裹着一身黑去见驾了。

中国有句俗语，女要俏一身孝，男要俏一身皂。而在西方，一身孝就是一身皂。不过这黑色也是挑人的。姐姐奈奈（Néné, Duchess Helene in Bavaria），眉毛高挑，五官略硬，性格较古板，皮肤相比茜茜更是黑了一些。也就是说这一身黑让她看起来不像来相亲，倒像来讨债的。反观茜茜，一头金发，五官柔美，细细的腰肢，弯弯的眉，怎么看怎么俏。

还是那句话，人比人得死，货比货得扔。本来姐姐也是个美人，虽不柔媚，却也自有其英挺的风味。可黑色都快把她衬托成李逵了，这也就不能怪皇帝表哥一眼就看上妹妹了。总之，这次相亲之旅，姐姐奈奈一下从主角变成了衬托红花的绿叶，此中心情，也挺让人难堪的。没办法，男人就是这么的肤浅。**# 温馨小课堂：永远不要带着比你漂亮的姐妹去相亲。除非你是想甩掉那个男人 ## 别对自己的容貌那么自信，美这东西都是比出来的 #**

不说姐姐了，反正在皇帝表哥的眼里，她早已沦落成了路人甲。总之，皇帝表哥看见表妹茜茜眼珠子都不动窝了。那是怎么看怎么美。茜茜还老爱谈什

Erich Correns, *Helene of Thurn and Taxis (Duchess in Bavaria)*, 1859.

埃里克・科伦斯，《巴伐利亚的海伦女公爵》，1859 年

图为不穿黑色衣装的姐姐奈奈。我个人觉得挺漂亮的。而且霸气的感觉更像皇后。怪只怪老天让装满礼服的车子丢失了吧……**# 万般皆是命，半点不由人 #**

么诗歌啊理想啊自由啊抱负啊什么的。尽管她诗写得很一般，但情人眼里只需要美女，才华什么的都是浮云。皇帝表哥当场就被勾得魂都没了。**# 智商在美貌面前，永远是多余的 #**

在皇帝表哥的心里，茜茜简直就是九天玄女下凡尘来解救他逃离这枯燥无聊的人生的。所以，为了她，皇帝弗朗茨第一次和老妈叫板。而皇太后就像所有婆婆一样，觉得自己一向乖巧的儿子突然变得不听话，一定是那妖孽惹的祸！虽说最后老妈还是拧不过儿子，但茜茜在她心里已瞬间被归类成妖孽。

一个人倘若总是发号施令坐等服从的话，那她就会难以接受别人对她说“不”。皇太后就是这样。她讳名为索菲（Princess Sophie of Bavaria），年轻时与双胞胎妹妹便是贵族圈里远近闻名的姐妹花，在闺中时就性格强硬，嫁入哈布斯堡王室后，性格依然如故。她有着高度的政治敏感，果断的头脑，刚硬的手腕，被当时欧洲人称为“哈布斯堡中唯一的汉子”。

说起皇太后索菲，那可是妥妥的女汉子。她老公的哥哥斐迪南皇帝（Ferdinand I of Austria）被逼退位后，她就劝阻她老公不要继承皇位，把这个继承权让给大儿子弗朗茨。你问为什么呀？原因很简单，因为她觉得自己的老公是个白痴。但她相信，一手带大的儿子则会是个明君。所以她果断放弃了登上皇后宝座的机会，把一切留给了弗朗茨。**# 是条汉子 #**

我相信在座的诸位一定知道女汉子最讨厌的是什么。没错，就是相貌娇弱爱吟诗作对的绿茶妹。嗯，是的，茜茜在皇太后的心里估摸着就是这么一个绿茶妹形象。**# 我不是女汉子我没这么觉得！求诸位别喷 #**

就这样，茜茜嫁了进去。新婚夫妻嘛，总是要如胶似漆一阵子。但只要婆婆看你不顺眼，再恩爱的夫妻迟早也会被拆散。更何况，茜茜也没那么爱弗朗茨。

茜茜嫁进哈布斯堡家族后很明显不适应。一个 15 岁的少女，一直散漫无虑。突然，你叫她嫁人后立马一秒钟变贤良淑德无私奉献识大体的皇后，那比登天还难。而哈布斯堡宫廷中所遵循的传统西班牙礼仪，也让她很快就觉得处处受限制，活得很压抑。更叫她无措的是，皇太后婆婆在她刚产下大女儿的时候就把孩子抱走抚养，不允许她接近孩子，并到处讽刺她太年轻，且声称“茜茜自己就是孩子，带不了孩子的”，这让茜茜很长一段时间患上了抑郁症。

可以说，茜茜在被她婆婆统治的哈布斯堡后宫里，四面楚歌，腹背受敌。而一个男人再爱你，也无法弥补全世界射向你的恶意。**# 哄婆婆远比哄老公重**

Joseph Karl Stieler, *Archduchess Sophie of Austria*, 1832.
约瑟夫·卡尔·施蒂勒，《奥地利大公夫人索菲》，1832 年

要 # 当然，她的致命伤还有她都结婚好几年了，还没生出儿子。总之在哈布斯堡贵族们的眼里，没生下皇储的她估摸着是个母鸡都不如的皇后。**# 可怜女人的命运不分中西，古今皆同 #**

没生出儿子前，茜茜到底承受了多大敌意呢？跟你们举个小例子吧：有天她在自己书桌上发现了一个小册子，上面写的是“如何做一个合格的皇后”。而放册子的人怕她 get 不到 point，居然还把中心思想给她用横线标了出来：“如果一个皇后一直生不出皇储的话，那对她夫家来说，她就是一个陌生人，一个外人，一个随时有可能被送回娘家的人。”**# 字字如刀，句句戳肺 ## 真是，满纸刀和剑，一摊心头血啊 #**

不过很快，茜茜又怀孕了。让哈布斯堡宫廷失望的是，这次怀的还是个女儿，而且像前一个一样，被皇太后索菲给抱走了。但没办法，再抑郁，这日子也还得过。作为一位皇后，她必须随着丈夫四处游访欧洲，这是她的职责。但在一次游访途中，她的大女儿生病了，然后很快就殁了。这对她的打击非常大，她开始生病，一会儿咳嗽，一会儿发烧，总之全身上下都是毛病。

医生说她需要休养，所以借着这次生病，茜茜逃离了哈布斯堡宫廷。她开始了到处疗养、四处旅行的日子。也就是这时候，欧洲诸国开始追捧她的美貌。各种关于这位皇后的八卦开始风传。其中包括了她与法国第一美人——欧也妮皇后（Eugénie de Montijo）王不见王的传说。怎么说呢，茜茜公主虽说生来很美，但不是所有美人都像她这么勤劳。她爱自己的美貌已经到了变态的地步。不管在哪里，她每天都要坚持骑马散步，遵循着一份相当严密的饮食清单。据宫廷记载，她的体重一生严格控制在 50kg。

只要体重超过 50kg，她就会开启“节食模式”。你问什么叫“节食模式”？就是在体重回归到 50kg 之前一直不吃饭的模式。**# 这绝对是用生命来告诉你，何为“好**

Engraving of Equestrian portrait of Elisabeth at Possenhofen Castle, circa 1853.
《伊丽莎白于堡斯赫芬城堡骑马像版画》，约 1853 年

女不过百”# 还有她的腰围，到死都控制在一尺三到一尺五之内。至于肌肤，茜茜每晚必定会用各种不同的蒸馏水、护肤乳和一些秘方来敷全身，以保证皮肤的紧致。而为了保留“永世美貌”的形象，过了 32 岁她就不让任何人拍照片了。**# 现在明白了吧，觉得敷着面膜都不舒服的你，不配成为美人 #**

更让世人津津乐道的是她一头秀丽绵厚的头发。她少女时期的金发随着年龄的增长慢慢变成淡淡的棕栗色。秀发长可拖地的她，每天光是伺候她的头发就要俩小时。而留过长发的同学都很清楚，头发多了，自然就会很重。再加上梳理造型时所用的各种发卡，简直重得可以砸死人！**# 作为美人，总是要付出代价的 ## 温馨小课堂：懒鬼是当不了美女的 #**

总之，她在国外玩得很嗨，压根就不想回奥地利。可惜作为皇后，有些责任你躲得了一时，躲不了一世。过了几年后，在她老公无数次的催促下，她回

Franz Xaver Winterhalter, *Empress Elisabeth*, 1865.

弗朗兹·克萨韦尔·温德尔哈尔特，《伊丽莎白皇后》，1865 年

George Martin Ignaz Raab, *Portrait of Empress Elisabeth*, before 1885.
乔治·马丁·伊格纳茨·拉伯，《伊丽莎白皇后画像》，1885 年前

来了。两人又开始四处到访，这次来到了匈牙利。匈牙利一直和奥地利关系紧张，天天闹着要独立，要自由！而本来皇帝这次到访，有点施威的意思。

但没想到的是，这个老爱和他唱反调的亲亲皇后，又开始跟他对着干。不管出于什么心理，茜茜觉得匈牙利人好可怜，好无辜，好倒霉。总之在她眼里，匈牙利人可爱死了。相反看自己老公，怎么看怎么不顺眼。更有意思的是，为了帮助匈牙利人，她居然拿和老公同床这件事作为筹码。声称，只要他同意匈牙利自治，她就同意和他上床。

茜茜为匈牙利谋取福利和明显与奥地利对着干的态度激起了很多哈布斯堡官员的不满和敌意。可以说，他们不明白自己的皇后怎能如此吃里扒外！也正因如此，许多她与匈牙利领头人安德拉希伯爵（Count Gyula Andrássy）有染的传言开始四散，并且反对皇帝与匈牙利谈判。但没办法，谁让她老公想和她上床呢。最后，声称权衡过各方面因素的弗朗茨，终于点头了。经过谈判，双

Franz Xaver Winterhalter, *Empress Elisabeth in Courtly Gala Dress with Diamond Stars*, 1865.
弗朗兹·克萨韦尔·温德尔哈尔特，《着盛装头戴钻石星发饰的伊丽莎白皇后》，**1865** 年

Franz Xaver Winterhalter, ***Portrait of Emperor Maximilian I of Mexico*****, 1864.**
弗朗兹·克萨韦尔·温德尔哈尔特，《墨西哥皇帝马克西米连诺一世画像》，**1864** 年

方同意建立一个二元君主制的共主联邦。**# 哎，弗朗茨真的好想和她上床吧 #** **# 论男人肯为上床让步多少 #**

忘记一提，茜茜自打生下皇储鲁道夫（Rudolf, Crown Prince of Austria）后，就开始以各种莫名其妙的理由拒绝与她老公同床。**# 做皇帝做到这份上也够可怜的 #**

有人问她婆婆哪去了。怎么说呢，人都会老。而且生完儿子后的茜茜腰板儿也挺直了不少。而且，皇太后索菲也迎来了自己的不幸。她最宠爱的二儿子——墨西哥皇帝马克西米连诺（Emperor Maximilian I of Mexico）被墨西哥要求自主自立的人民给枪决了。这件事对她的打击很大，因为是在她的支持甚至怂恿下，马克西米连诺才决定登上墨西哥皇位的。

Unknown, *Archduchess Marie Valerie of Austria*, 1890.
未知摄影师，《奥地利女大公玛丽·瓦莱瑞》，1890 年

她婆婆在二儿子死后就不再干政了。这时的茜茜也成熟了，待人接物不再像以前那样不知所措。这次，她在同意与弗朗茨同房后，没过多久就生下了最后一个女儿玛丽·瓦莱瑞（Archduchess Marie Valerie of Austria）。胆子大了起来的茜茜，最终保留了抚养这个女儿的权利。对她来说，这个女儿是让她来散发她积压多年的母爱的。她对这个唯一在身边长大的女儿百依百顺，溺爱无比。这一切，都让没怎么与母亲亲近过的哥哥姐姐二人妒恨交加。

她已经溺爱到了什么程度呢？所有皇室嫁娶都要按照身份，像英国威廉王子（Prince William , Duke of Cambridge）和凯特王妃（Catherine, Duchess of Cambridge）那样身份不对等的婚姻在以前根本不能存在。就算存在，凯特也不能得到王妃的称号，一辈子只能做没名分的庶妻。但茜茜宣称，她的小女儿就算想嫁马车夫她都同意，只要女儿开心。而这种宣告更让那两个对婚姻毫无选择权的哥哥姐姐分分钟有弄死小妹的心。

她唯一的儿子、奥匈帝国的皇储鲁道夫的婚姻尤其不幸福。所有儿女中，就这个儿子长得像茜茜。但他不仅继承了茜茜的敏感和美貌，也继承了他老爹

Rudolf Krziwanek, *Young Crown Prince Rudolf in a Historical Costume*, 1879.
鲁道夫·科瓦内克,《着古装的奥匈帝国皇太子鲁道夫》,1879 年

Unknown, *Photograph of Baroness Mary Vetsera*, circa 1887.
未知摄影师，鲁道夫皇太子的情人玛丽·维兹拉女男爵像，约 1887 年

的痴心。他 30 岁时，与一个地位低下的小贵族恋爱了。那位姑娘年方十七，正是娇艳动人的年龄。很快，她就成了鲁道夫的情妇。不过更快的是，两人没在一起多久就让弗朗茨皇帝发现了。

本来皇室嘛，有几个情妇很正常的。但鲁道夫这痴情种子居然动了休妻再娶的心。这样一来，严重影响到了奥匈帝国皇室传承的问题，弗朗茨对他儿子的举动异常愤怒，父子争吵不断。终于，1889 年冬天，鲁道夫在自己的梅耶林行宫（Mayerling）里与情妇一起饮弹自尽了。但二人到底是怎么死的，迄今还是个谜。

就这样，茜茜和弗朗茨又一次迎来了儿女早逝的打击。不像她婆婆，死了一个儿子还有好几个能指望，茜茜这辈子只生下了这么一位。可以说，整个奥匈帝国都一直视鲁道夫为未来的皇帝。这次的打击比大女儿的早殇更剧烈。以至于，最爱惜头发的茜茜，从此再也不允许人帮她修理白发，放任它们随着悲痛生长，并一直服丧，余生着黑。

故事到这里也快结束了。为了逃避痛苦，茜茜又开始了旅行。毕竟不能死，

就只能活。她开始放任甚至鼓励她老公去找情妇，常年不在宫廷。但不管她走多远，她仍然是奥匈帝国的皇后。而这个可以说让她一生不幸的身份，最终杀死了她。在一次瑞士旅行时，她被一个意大利无政府主义分子盯上了。

那个意大利狂热分子本是想刺杀奥尔良公爵（Prince Philippe, Duke of Orléans），但不知怎么奥尔良公爵提前离开了瑞士。可这位意大利刺客相当执着，觉得怎么也得砍一个王室中人才算得上不虚此行。于是，他就瞄上了来此地旅行的茜茜。也是茜茜倒霉催的，本来有大拨的人来保护她，但她非要搞什么微服私访，把人给轰走了。因此被刺杀时，身边只有一位女官。

说实话，她死得有点冤。但谁让她非得弄什么微服私访呢。而弗朗茨皇帝听到噩耗后非常震惊，他不明白为什么有人会刺杀她。茜茜的死，比儿子的死，

Eduard Kaiser, *Empress Elisabeth*, 1861.
爱德华·凯撒，《伊丽莎白皇后》，**1861** 年

Franz Xaver Winterhalter, *Portrait of Empress Elisabeth of Austria*, 1864.
弗朗兹·克萨韦尔·温德尔哈尔特，《奥地利皇后伊丽莎白画像》，1864 年

对他的打击更大。这是一个他一生都没越过去的坎儿。据说，听到噩耗后的他，一直喃喃自语道“她永远无法知道我到底有多爱她”。

这幅画中，茜茜依然年轻美好，是那旧时模样。她秀发飘飘，直视着画框外。此画是以描绘美人出名的温德尔哈尔特为皇帝弗朗茨私人绘制的。它是弗朗茨的宝贝，从画好后就一直挂在了私人书房。一直到他死，才被摘下。我想，他以他的方式爱了她一辈子吧。尽管现实中他们貌合神离，但她仍然是他一生最美的梦。可惜，这也是茜茜一生悲剧的来源。她虽富有四海，但嫁不由人，生不由人，死亦不由人，可怜一生不可自决。

The End

法奈西家族（上）

绝世美人茱莉亚　锦裙玉带养权力

她倾国倾城，美艳震四方；

他韬光养晦，终权倾天下。

这兄妹二人，狡猾与心计兼具；

用权力与欲望，交织练就了这一世繁华。

且看他二人如何排除万难，翻手云雨，

带领家族攀上了那至尊巅峰。

Raphael, *Lady with Unicorn* (assumed to be Giulia Farnese), circa 1504-1506.

拉斐尔，《抱独角兽的女郎》（画中女子被认为是茱莉亚·法奈西），约 1504-1506 年

是的，这一篇要八卦的就是热播美剧《波吉亚家族》中，波吉亚教皇（Rodrigo Borgia，Pope Alexander VI）的情妇茱莉亚·法奈西 (Giulia Farnese) 的家族。

法奈西家族和美第奇家族一样，都是 14 世纪末才开始发展起来的“新贵”。但不同的是，美第奇选择用金钱发家，而法奈西家族则是用美人。

这位茱莉亚·法奈西刚刚成年时，便美艳震四方，人称“美人茱莉亚”。

Luca Longhi, *The Lady and the Unicorn* (possibly Giulia Farnese), 16th Century.
卢卡·隆吉，《女郎与独角兽》（画中人或为茱莉亚·法奈西），**16** 世纪

Domenico Zampieri (Domenichino), *Virgin and Unicorn* (possibly Giulia Farneses), circa 1602.
多梅尼科·赞皮耶里（多梅尼基诺），《贞女与独角兽》（画中人或为茱莉亚·法奈西），约 **1602** 年

更让法奈西家族烧高香的是，此女还精于算计。所以说，法奈西一家的崛起，她功不可没。

不过谁也不是从石头缝里蹦出来的，所以我们先从她的祖先八起。

有道是，所有英雄都有过去。

英雄可以不问出身，但贵族却不行。

在欧洲，一个家族如果不能把自己祖宗追溯到个十代八代的，那就不算是老贵族。

不过意大利却是个培养新贵的好地方，只要你有本事，贵族头衔任你摘。就像美第奇最早便是由经商拼出了一条路，法奈西们则是靠枪杆子打出了一条血路。

说实话，法奈西家族没什么古老血统，他们的祖先充其量也就是个小城主，勉勉强强算是贵族阶级。

但城主和城主还不一样呢，北京市市长和东莞市市长都是官，但他俩能同日而语吗?

很快，在大吃小的古代社会，法奈西家族没落了。

不过，没有没落的是他们的野心。

法奈西家族为了能重拾荣耀，开始送族中子弟到各个领主那里去当雇佣兵。

终于在锡耶纳的那支部族里，一个名叫兰努其奥（Ranuccio）的子弟闯了出来。他因擅长于带兵，一跃成了雇佣兵头子。南征北战的他，得到了两届教

Francesco Salviati, *Detail of the frescos in Fastos Farnesio, Palazzo Farnese: Rome with the portrait of Ranuccio the Elder Farnese*, circa 1549-1563.
弗朗西斯科・萨瓦亚迪，罗马法奈西宫法氏显贵厅壁画局部：《法奈西家族兰努其奥长老肖像》，约 1549-1563 年

皇的赏识与器重，他们分别在教廷领地里赏了兰努其奥几座城池和城堡。这下，法奈西家族总算有了落脚之地。有了城池，便有了子民，有了子民，便有人纳税。**# 剩下的逻辑不用我多说了吧 #**

为了感谢这位带领他们奔小康的祖先，后世法奈西们尊称他为“兰努其奥长老”（Ranuccio the Elder）。他的肖像没被流传下来，上图为他的子孙后代在法奈西别墅中 YY 的他，也顺便甩出来给你们看一下。**# 是不是 YY 得英姿飒爽英武过人啊 #**

不过可能是老子太耀眼了吧，儿子便没什么大作为。

Titian, *Jacopo Pesaro being presented by Pope Alexander VI to Saint Peter*, circa 1503-1506.

提香，《雅格布·佩萨罗由波吉亚教皇亚历山大六世呈现给圣彼得》，约 **1503-1506** 年

但这没作为的儿子，却给家族生了个好女儿——我们这篇的女主角“美人茱莉亚”。**# 有时有个好女儿就够了 #**

茱莉亚年纪轻轻便不负盛名，倾倒四方。

可惜好女总是配赖汉，这位美人嫁的丈夫实在是不尽如人意。除了出身比她高贵外，剩下的一无是处。据当时人描述，她的丈夫是个“眯眯眼”“举止怪异”“没有主见”和“极度自卑”的人。

而所有没主见的男人都有一个共同点，那就是有一位无比彪悍的老妈。

这位彪悍的老妈，不仅为人彪悍，身份更是彪悍，原来她是波吉亚教皇的表妹。茱莉亚嫁进她家后，没多久便成了罗马社交圈的宠儿。那时还没当上教皇的波吉亚便已对她垂涎不已。外加茱莉亚的婆婆时不时地牵线做媒，两人在一推一就间，很快勾搭上了。而等到波吉亚登上教皇大宝座后，索性连遮掩都懒得做了，直接带着茱莉亚进出梵蒂冈。

茱莉亚的婆婆其实也有自己的算盘。

她早有打算把儿媳妇献给表哥，好为自己没用的儿子谋福利。她也明白自己的儿子是守不住这么一位如花似玉的美人的，还不如早早做打算，以免多惹事端。

没想到的是，这茱莉亚的野心更大。自己这位丈夫的窝囊之处，在没嫁之前便有所耳闻。

她知道，为了自己，也为了家族，她必须在罗马城找一座靠山。

Bartolomeo Veneto, *Idealized Portrait of a Courtesan as Flora* (traditionally regarded as a portrait of Lucrezia Borgia), circa 1520-1525.

巴尔托洛梅奥・威尼托，《打扮成春神的名妓》（通常被认为是露克蕾西亚・波吉亚肖像），约 **1520-1525** 年

所以，美人想找靠山，婆婆想得好处，而波吉亚则想要美人，这三人可谓是天生一窝，一拍即合。**# 那个投缘劲儿都快赶上刘备碰上诸葛亮了 #**

他们几个投缘到最后，茱莉亚、她婆婆和波吉亚教皇的私生女 (也是文艺复兴时期一位著名的蛇蝎美人) 露克蕾西娅（Lucrezia Borgia），都搬到了一座别宫，一起吃住，一起进出。波吉亚教皇都不需要换地儿便能同时看到自己的美人、表妹和闺女。**# 真是活得赛神仙 #**

就这样，这几人在罗马过起了神仙般的日子。

至于茱莉亚的丈夫，作为补偿，教皇赏了他一座意大利偏远地区的城池，远远地把他给打发走了。

不过茱莉亚没被这浮华给冲昏头脑。这位精明的美人明白，美貌如烟，稍纵即逝，是这世上最靠不住的东西。她一女子，再美也无法达到权力的巅峰。所以，想要自己老有所依，不靠儿不靠女，只能靠家族。

因此，趁着自己还是首席情妇，教皇对自己情正浓时，她请求教皇开恩，赏赐给她哥哥阿里桑卓 (Alessandro Farnese) 一顶枢机主教的红帽子。

不要小瞧这顶红帽子，多少人为它机关算尽，争得个头破血流。
因为有了它，便有了数不尽的金银、用不完的权力。
它代表的是仅次于教皇的地位，也是登上教皇之位的最后一站。

多少家族从小就培养核心子弟进宗教机构，许多公子贵胄也都是一步一个脚印地从地区教堂爬上来的。谁承想，他阿里桑卓却凭着妹妹与教皇睡觉，便

Gaspar van Wittel, *Villa Farnese at Caprarola*, circa 1720-1725.
加斯帕·范·维特尔，《卡普拉罗拉的法奈西庄园》，约 1720-1725 年

踩过众人，一跃成了红衣主教。不用我多说，你也明白：恨他的不止两三个。

果然，阿里桑卓入职梵蒂冈没多久，流言便开始满天飞。

有人讽刺他为“波吉亚的大舅子”，有人更是直接，毫不掩饰地称他妹妹为“教皇的婊子”“耶稣的新娘”。一群人那个气啊恨啊！想想自己熬了多久才得到的地位，居然让个二十出头的不入流小贵族得到了。

可谁让人家有个好妹妹呢？

不过这阿里桑卓也争气，最后居然真让他给爬上了教皇的宝座。所以说，能耐人，放哪儿都能耐。啧啧，**# 这真是人比人得死，货比货得扔 #**

To Be Continued

Titian, *Portrait of Pope Paul III (Alessandro Farnese) bareheaded*, 1543.

提香，《保罗三世（阿里桑卓·法奈西）免冠像》，**1543** 年

法奈西家族（下）

老奸巨猾阿里桑卓　左右逢源终成教皇

尽管阿里桑卓这顶枢机主教的帽子还没戴热乎就背负了众多诸如“裙带主教”之类的讥讽和骂名，但作为人生最后的赢家，阿里桑卓此时还是很淡定。他才不管别人怎么说呢。说什么他都已经坐上了红衣主教的宝座，被别人说说又不会少块肉，反正他是不会走的。既然比别人少熬那么多年，让他们说说又何妨呢？

因为妹妹的关系，生性多疑的波吉亚教皇居然还把他当成了亲信之一，这更是让其他进入不了教皇圈的人妒恨不已。

不过阿里桑卓也的确能干，以至于做主教没多久，官位便节节攀升。

他明白，戴上这顶红帽子可以靠妹妹，但要戴稳则不行了。**# 妹妹领进门，修行在个人 #**

再说了，人无千日好，花无百日红。波吉亚早晚得死，而他妹妹更是迟早会老。不管是先死还是先老，这对教皇与情妇总有一天要一拍两散的。

明白了这点的阿里桑卓，便知道鸡蛋不能全搁在一个篮子里。

他开始明里暗里地与各方交好，其中包括了波吉亚的死对头。

看过美剧《波吉亚家族》的一定知道，波吉亚的死对头是谁：本名朱利安诺·德拉·罗韦雷主教（Giuliano della Rovere），也是后来的尤利安二世教皇（Pope Julius II）。

历史上，罗韦雷和波吉亚的争斗的确已经到了有你没我，一山只容一虎的地步了。

美剧的剧情可以说是一点都没夸张。但里面没说的是，波吉亚教皇的大情妇，也是他那堆儿女的娘亲瓦诺莎·德·卡特奈（Vannozza dei Cattanei），在成为波吉亚的情妇前，曾与罗韦雷主教有过情爱关系。相传，这两位人中枭雄，之所以那么仇视对方，根源便是为了这位昔日美人。因为她，罗韦雷和波吉亚在年轻时，便早早结下了梁子。

不过，先不论传说，我们继续说史实。

波吉亚在位时，一直死死地压制住了罗韦雷，还曾一度成功地将他逐出梵蒂冈。可没料到，他刚合眼没多久，他的这位死敌朱利安诺·德拉·罗韦雷便被推举成教皇了。**# 老天爷的冷笑话 #**

就像所有上位者一样，尤利安二世做的头件事便是排除异己，巩固势力。

Innocenzo Francucci da Imola, *Portrait of a Woman* **(possibly Vannozza Cattanei), 16th Century.**
伊诺产佐・弗库其・达・伊莫拉，《一位女子的画像》（画中女子或为瓦诺莎・卡特奈），16 世纪

很多红衣主教都没能逃过尤利安二世的打压与驱逐。可神奇的是，作为波吉亚教皇情妇的哥哥，也是波吉亚死党的阿里桑卓却逃过了一劫。这可以归功于他平时的长袖善舞会做人，但更重要的功劳其实来自他妹妹茱莉亚。

为了宣告法奈西家族的忠心和归顺的决心，美人茱莉亚把她的女儿嫁给了尤利安二世的侄子。两个家族的联姻再次巩固了法奈西家族的地位。在那敌友朝夕瞬变的年代，法奈西们这么做也算不上背叛。毕竟波吉亚人都没了，谁也不能在一棵死树上吊死啊。而法奈西家族这辈中再没有拥有军事天赋的子弟，所以说，这个家族的唯一出路就在梵蒂冈。**# 言外之意，他们打死也不会离开这里的 #**

阿里桑卓在尤利安二世的教廷中也依然混得如鱼得水，下页中他的这幅肖像画，便是尤利安宠信的画师，也是我个人最欣赏的文艺复兴艺术家拉斐尔所作。

Raphael, *Potrait of Cardinal Alessandro Farnese*, circa 1512.
拉斐尔，《枢机主教阿里桑卓·法奈西像》，约 1512 年

一般只有教皇的亲信和受宠的人才能请得动拉斐尔来作画。这也从侧面表明，阿里桑卓这家伙混得有多好。

这幅画中的他，40 岁左右，敛眉善目，温文儒雅，仿佛是个观音菩萨般的慈悲人物。**# 啧啧，拉斐尔拍马屁的手段一如既往的高超 #**

这画中的阿里桑卓可能看上去人畜无害，但你们很快就会知道，被后世称为“老狐狸”的他是位多么狡猾无比，且雷厉风行的家伙。

自打 25 岁进入梵蒂冈后，他便再也没有离开过这个名利场。

尽管教廷内宫斗不断，硝烟四起，但他这个骑墙派却每次都能站对队，安稳地进入下一任教皇的朝代。如果这一切都是场赌博，那他就是那个永远不会输的赌徒。**# 这绝对是天赋，杠杠的 #**

历经六任教皇的阿里桑卓，终于在他 66 岁那年迎来了自己的朝代。

他选取的执政名为 Paulus，从此，世人尊称他保罗三世。

在梵蒂冈浸淫多年的他，可以算是资格最老的人了。这名利场里的所有弯弯绕绕门门道道没人比他更清楚。

看透世事的他，只信奉一句金科玉律，那便是：除了自家人，谁都不能信。

只有族人的荣辱是绑在一起的，也只有他们不会背叛你。

Titian, *Portrait of Pope Paul III (Alessandro Farnese)* , 1545-1546.
提香，《保罗三世》(阿里桑卓·法奈西)，1545-1546 年

的确，每代教皇都会提携自己的族人，这似乎已经成了一种不成文的规矩。但一般来说，他们也只会选一两个已经适龄或已经入教的子弟来稍做提拔而已。

 # 毕竟是开后门，低调还是很重要哒 #

但到了保罗三世这里，这种潜规则有了一个量的飞跃。

他刚上任没几个月便开始钦点他的各种侄儿孙子们做红衣主教。

红帽子那都是按打儿给的。

很显然，同样也是靠裙带关系上来的他，已经食髓知味，根本不 care 别人说什么。

一般来说，欧洲各大家族秉承的传统是，大儿子作为世子继承家业与封号，然后在小儿子们当中，选一位入教来扶持自家势力。不同于已经延续数十代的老贵族们，法奈西家族是靠着教廷才真正发家的，也就是说，梵蒂冈就是他们的家业。于是，他们除了留一个小儿子来延续血脉外，其他的都果断塞给了梵蒂冈。保罗自己便是由妹妹提携进来的，所以也不需要做了婊子立牌坊，什么理由都不找，果断直接把红帽子戴在了自家子弟们的头上。他用自己强横的态度表示：老子就是偏袒自家人了，不服可以滚蛋。

保罗三世绝对是把梵蒂冈当成了自家产业在经营。

法奈西一族里的子弟一到合适年龄便被提携入教。其中最有趣的便是下页图中的这位小兰努其奥·法奈西（Ranuccio Farnese）。保罗在自己这位最小的

孙子刚满 15 岁时便迫不及待地给他戴上了这顶红帽子。据说，这位小孙子穿红衣主教袍子时，衣摆都是拖着地的，梵蒂冈那些嘴贱的人更是直接戏称他为“小小红衣主教”“小个子主教”。

当然，保罗三世在任期间也做了除提携自家子弟之外的事。

有几件大事便是他在任期间促成的。其中包括了对新教徒信仰的反击、反

Titian, *Ranuccio Farnese*, 1542.
提香，《小兰努其奥·法奈西》，1542 年
Titian, *Pope Paul III with his Grandsons*, 1545-1546.
提香，《保罗三世与孙子们》，1545-1546 年

宗教改革带来的一系列变动等。

大家熟知的那些来到中国的传教士，最早便是得到了保罗的首肯和推动才能离开欧洲，前往亚洲布教。

就艺术史来说，在保罗三世的教廷中，艺术也得到了很快的发展。

他在任期间最有名的一件艺术品可以算是米开朗基罗 (Michelangelo) 的《最后的审判》。这是米开朗基罗继西斯廷天顶画后的又一件大型作品。

有关这幅画，还有个小八卦。这幅满是裸体男女的画在当时引起了很大争议，很多人都批这幅画“有辱斯文”“引起不必要的性欲”“无羞无耻”等，得到了当时各种卫道士的围击。总而言之，脾气本来就不怎么样的米开朗基罗，被他们弄得很恼火。

巧的是，米开朗基罗正在气头上的时候，居然听到保罗三世的宴席官也对教皇进言说：“这画简直丑陋无比，肉欲横流，这么三俗的作品不配放在梵蒂冈内……”而米开朗基罗除了是个伟大的艺术家男神外，也是个睚眦必报、心眼如针尖的男人。为了报复这个贱嘴巴的宴席官，米开朗基罗决定把他也添进画里。就这样，在地狱的入口处，便多了一位长着这倒霉宴席官的脸和尖耳朵的地狱守门神米诺斯（Minos）。

没过多久，这位宴席官就发现了。更气人的是，他不仅发现了自己的脸，还发现自己的生殖器官也被米开朗基罗给画了进去。而这次米开朗基罗听取了他的建议，把他的“性欲”暗示给遮住了。不过，这遮，还不如不遮呢……(看图)

Michelangelo, *The Last Judgment* (Detail), circa 1536-1541.
米开朗基罗，《最后的审判》（局部），约 1536-1541 年

总之，这位宴席官被气得半死，跟米开朗基罗又理论不出个所以然，便跑去跟保罗三世告状了。而保罗这只老狐狸压根就不想管这件事，因为他早看透米开朗基罗是头顺毛驴。你顺着他说，那便什么都好；若你骂他一次，他能记恨你一辈子。

Michelangelo, *The Last Judgment*, circa 1536-1541.

米开朗基罗，《最后的审判》，约 **1536-1541** 年

但自己的侍官都已经告到他这儿来了，也不能不管。于是，就像他解决所有不想解决的事一样，保罗三世便跟他这位宴席官四两拨千斤，打起了太极，道：“亲爱的，作为教皇，我也只能管到天堂和人间的事。至于地狱所发生的事儿，我鞭长莫及，就不归我管了。”

听到这儿，这个宴席官也明白教皇的意思了。毕竟他也只是个侍官，又不是人家亲儿子。要是不长点眼色的话，下次就不是被画上墙这么简单的事儿了。

而米开朗基罗也知道，别看保罗三世老是笑眯眯的，但要真翻起脸来，他也吃不了兜着走。所以从此也就没再提这事儿。

但再精明世故善于规避的人，也无法规避死神。

在 1549 年冬天，这位从 25 岁时便入驻梵蒂冈这名利场的老人，终于走完了自己的一生。

他与他那美人妹妹，穷尽一生，把法奈西家族从不入流的小贵族，变成了文艺复兴时期最重要的政治势力之一。

她曾经艳冠罗马，他也终于权倾天下。

这一世心机算尽，好在也不是白白费力。

朱颜已改，物是人非，

可我知道，他们的传奇将会随着时间，继续下去。

The End

高富帅路德维克

千金一掷买鸳梦　笑入芙蓉暖帐中

五陵年少金市东，银鞍白马度春风。

对于有钱的公子哥儿来说，

讨姑娘欢心从来不是一件难事。

但 16 世纪意大利资深高富帅，路哥告诉你：

把妹七分靠钱财，

三分要创意。

这是一个满满都是俊男美女的故事，写的都是高富帅和白富美之间那风花雪月的事儿。屌丝慎入。**# 怕高富帅泡妞手段会让你觉得这个世界不会好了 #**

Agnolo Bronzino, ***Ludovico Capponi*****, 1550-1555.**

尼奥洛·布龙齐诺，《路德维克·卡博尼》，1550-1555 年

上页画中的美男子便是今晚的男主角，路德维克·卡博尼(二世)(Lodovico Capponi Junior)。路德维克可是含着金勺子出生的高富帅。老爸是开银行的，虽说没有美第奇家族做得大，但也算是地方一霸。卡博尼家族走的路线和美第奇不一样，他们的野心只在辅佐。可以说，他们起先便是傍着翡冷翠老贵族马泰利家族（Martelli Family）起来的。

言归正传，回到路德维克。称路德维克为二世，是因为他有个也叫路德维克的爹（Lodovico Capponi Senior）。为什么说路哥二世是天生的高富帅呢？是因为他不仅有很多钱，他还早就没了爹。路德维克一世在他刚出生没多久就挂了。也就是说，路哥还在裹尿布时，就已经继承了大笔大笔的财产。**# 去问问查尔斯王子，就知道路哥有多幸福了 #**

图为路德维克二世他老爸：路德维克一世。

Jacopo da Pontormo, *Four Evangelists: Saint Luke (Lodovico Capponi Senior)*, 1526.

雅各布·达·蓬托莫，《四圣人之圣人路加》（路德维克一世）,1526 年

Agnolo Bronzino, *John the Baptist,* circa 1550-1555.
尼奥洛·布龙齐诺，《施洗者约翰》，约 1500-1555 年

上图为路德维克二世。布龙齐诺用他的脸画的这幅《施洗者约翰》，也可以算是比较早的历史肖像画。
 # 高富帅们都是这么名留青史的 ## 世界的恶意你感受到了吗？ #

路德维克就这么美貌多金地长大了。长大后的他进入了美第奇宫廷见习。说是见习，其实就是一帮风流公子哥成群结伙地招猫逗狗，顺便调戏俩大姑娘小媳妇什么的。一群倜傥子弟，鲜衣怒马，温柔潇洒。他们无所顾忌地飞驰在翡冷翠的街道中。那是在翡冷翠的一段最美好的年华。可惜，谁也无法总得意。

本来，对路德维克来说，人生就该这么无耻地继续完美下去，谁知那老掉牙的戏码又上演了。他恋爱了。但爱神总爱开玩笑，他爱上的这位虽说不至于高不可攀，却也是已经名花有主，早早订婚了。**# 对高富帅来说，没有高不可攀，只有已经被攀走了的 #** 他爱上的这位美人名叫抹大莉娜·维多利（Maddalena Vettori）。

抹大莉娜的身世有些复杂。这位大美人的娘亲也是位美人，在孀居没多久后，就带着女儿和财产嫁给了萨瓦亚迪家族（Salviati Family）的皮佐（Piero Salviati）。皮佐娶了老美人后还不知足，准备让这位白得来的便宜女儿嫁给自

此图为提埃坡罗的《阿喀琉斯的愤怒》。估摸着这也是当时皮佐·萨瓦亚迪的心情，所以就给放上去了。

Giovanni Battista Tiepolo, *The Rage of Achilles*, 1757.
乔凡尼·巴蒂斯塔·提埃坡罗，《阿喀琉斯的愤怒》，1757 年

己的儿子。这样维多利家的那些钱就一毛也不会流到外人田。**# 萨瓦亚迪银行：精打细算到最后一毛嫁妆 #**

这天，萨瓦亚迪家族又举办了只有高富帅白富美能参加的 party。路哥也收到了请柬。而钱多的人，时间也多。秉着打发时间的心态，他也来了。**# 说金钱买不到时间的都是屌丝 #** 就在这场对高富帅们来说再普通不过的海天盛筵上，他和抹大莉娜一见钟情了。**# 高富帅和白富美就是这么的纯情呢 #**

但路德维克准备向皮佐提亲时才知道，佳人已经有主了。可他不管，还是天天往人家里跑，一坐就是一整天。反正他有的是时间。就在他来一次，人家赶一次的节奏下，事情终于有了进展。抹大莉娜那个白得来的未婚夫，居然在战场上阵亡了。**# 啧啧，高富帅真是想什么就有什么 ## 颤抖吧！屌丝们 #**

一听这位未婚夫已经跑到上帝那领盒饭的路德维克，美得鼻涕泡都出来了。他一秒都没等，又跑到了人家里去提亲。他也不管人家心情怎么样，张口就又来求娶。不用我说，你们也能脑补皮佐当时得有多愤怒，分分钟就拔剑砍向了不会看人眼色的路德维克。把人赶走后，已经完全丧失理智的皮佐，扭头就把抹大莉娜关进了修道院。**# 仇恨不止一点点 #**

可这么美的美人，你没法关她一辈子。这件事已闹到了美第奇宫廷里去了。大公爵科西莫（Cosimo I de' Medici）和大公爵夫人埃利诺拉（Eleanor of Toledo）听了这八卦，也心痒不已。他们也想看看这位美人到底长什么样，让翡冷翠著名的高富帅路德维克这么神魂颠倒。然后，科西莫·美第奇就下旨说

Agnolo Bronzino, *Eleonora di Toledo with her Son Giovanni*, **1544-1545.**
尼奥洛·布龙齐诺，《托莱多的埃利诺拉及其子乔凡尼》，1544-1545年

Agnolo Bronzino, *Cosimo I de' Medici in armour*, **circa 1545.**
尼奥洛·布龙齐诺，《着盔甲的科西莫一世·美第奇》，约1545年

下页图为这对看好戏的夫妇。

COS MVS
MEDICES · DV

要抹大莉娜来宫里做大公夫人的女官。**# 看戏的意图太明显 #**

皮佐得到旨意，也不好拧着干。他非常不甘心地提出了条件：不准让路德维克和抹大莉娜见面，否则死也不交人。你觉得大公和夫人会对如此高难度的要求犹豫一下对吧？毕竟男女主角两人都在宫廷，防得了今天，你防不了明天。你错了。他们压根就没犹豫，很爽快地就答应了。说保证不让二人相见，分分钟妥妥的。**# 看戏的永远不嫌台高 #**

就这样，抹大莉娜进宫了。但她只能在大公夫人周围打转，就算离开也是走哪都有人跟着。只要路德维克一出现，她身边的侍卫就会变身肉墙，挡着路哥的视线。但是，高富帅要是如此容易被打败，就不是高富帅了。他很快就想出了法子。

原来大公夫人是个虔诚的天主教徒，每周必会出宫去教堂。抹大莉娜虽不能自己出宫，但每周都会伴着大公夫人外出行走。而她们每次出宫必会经过天主圣三桥。你以为路德维克从此就去桥上蹲点了吗？你错了。高富帅怎么会跟侍卫们挤来挤去呢？再说，就算他天天蹲桥上，侍卫一来美人还不是会被围住？所以，你们猜他怎么做了？ **#Think like a 高富帅 #**

什么？“扮神父？！”不要闹了好吗……你以为大公夫人和侍卫们都是瞎子吗？！看不出来神父突然变成了唇红齿白的美少年了吗！ **# 你们为了省钱什么招都能想出来啊 ## 良心建议：省钱是追不到女神的 ## 大家以后少花心思多花钱吧 #**

提示都那么明显了！既然站在桥上看不见美人，那就站高的地方看啊。虽说高富帅不会飞，但钱是可以堆高度的。所以，他手一挥，便把桥旁边的楼给

Henry Holiday, *Dante and Beatrice*, 1882-1884.
亨瑞·郝勒蒂，《但丁与贝雅特丽齐的邂逅》，1882-1884 年

此图是亨瑞·郝勒蒂的《但丁与贝雅特丽齐的邂逅》。但丁很苦逼地在天主圣三桥上苦等贝雅特丽齐。看在都是一座桥的份儿上，我就放上来了。但你要以为路德维克也会这么屌丝的话，你就错了。**# 高富帅：天生为了证明屌丝的存在而活 #**

买下来了，这样他就可以在那一长排的窗户边和阳台上与美人相望了！

就这样，从此只要抹大莉娜一过桥，路德维克就往阳台上一站。两人不是你飞我一吻，就是我抛你一枝玫瑰花。总之，眼神绝对是缠缠绵绵到天涯。当然，享受这场纯情狗血大戏的不止他们俩。据说，每当大公夫人一行过桥时，两岸都挤满了看戏的观众，吆喝的不止一两个。**# 有钱的话，爱演都会有观众 #**

你觉得都弄得满城皆知了，大公和夫人肯定会皆大欢喜，赐婚给他们吧。NO，你又错了。原来这位白富美也被大公相中了。别误会，大公是给自己表弟相的。**# 怪只怪白富美太完美了 #** 可大公的算盘还没打完，就被路德维克知道了。他一听就不干了，天天跟科西莫闹，说谁也不要只要她。

换别人，美第奇大公早把他一脚踢出宫廷了。但是人帅就是招人疼。路德维克英俊貌美，又多才多艺，能说会道，且在艺术品位方面与科西莫也很投缘。所以，路德维克一直是科西莫的宠臣。这也是为什么他做了那么多荒唐事，别人也砍不了他。**# 良心提示：大腿贵在抱粗不抱多 #** 不过，这次科西莫是铁了心了。

一边是自己宠爱的臣子，一边是财貌双全的佳人。科西莫这个思想斗争一做就是三年。最后，禁不住路德维克的水磨功，他一咬牙，同意了这对狗血鸳鸯。条件是：必须在二十四小时内完婚。但对高富帅来说，金钱就是时间。他又再次手一挥，一切就立马准备妥当了。**# 需要省钱办婚礼的你们现在是不是很想哭 #**

整个翡冷翠❖都为了二人的结合而沸腾。大街小巷的报纸争相报道他们的婚礼。据记载，成婚时所撒下的彩色纸屑如雨下，连阿诺河都被婚宴上的葡萄酒给染红了。就这样，他们的故事被载入了史册，历史也见证了那刻的爱情。故事本该就此结束。可惜时间从不为幸福停留。

❖ 本章中所提到的“翡冷翠”是“佛罗伦萨”城的另一种译法。

Agnolo Bronzino, *Venus, Cupid, Folly, and Time (Allegory of Love with Venus and Cupid)*, circa 1545.
尼奥洛·布龙齐诺，《维纳斯，丘比特，愚昧和时间：爱的寓言》，约 1545 年

其实，这并不是一个幸福的婚姻。他们同床异梦，经常吵架。高富帅没有了以前的柔情蜜意，白富美也不是想象中的温柔端庄。他与她很快都各自有了情人。人生远不如年少时想的志得意满，不过也许他早就想到了这点。在章首那幅布龙齐诺给他画的灿绿肖像中，年仅 17 岁的路德维克手中握着一块小雕件，上刻“命运”一词。也许命运真如他指间的雕饰，若隐若现，晦暗不明。人生最得意时的他，也对命运感到惴惴不安。

事实也正是如此。也许你们海誓山盟，也许你们天生一对，也许你们郎才女貌，也许你们门当户对。可不管开头有多美好，你永远也猜不到命运给你安排的结局。因为命运女神，总是如此爱开玩笑。

 # 言外之意：有钱也不一定得到幸福 ## 屌丝们，安心吧！ #

The End

Sir Joshua Reynolds, *Mrs Siddons as the Tragic Muse*, 1783-1784.

约书亚·雷诺兹爵士，《作为悲剧缪斯的西顿斯夫人》，**1783-1784** 年

注：图为 **1789** 年版本。

悲剧女王西顿斯夫人

技惊三千惆怅客　泪断一片梨园魂

她是几百年才出一位的好角儿，

也是莎翁笔下最当之无愧的马克白夫人。

她在戏中诱使丈夫一步步走向毁灭，

也在戏外将观众一幕幕推进如痴如醉的幻觉。

她诠释了一个真正的女王，

颦笑间该拥有倾倒时代的力量。

欢迎收看，

一代名伶西顿斯夫人的传奇人生。

这篇八卦，围绕的是一位戏子。有道是，人生几多风雨几多愁，一朝欢喜一朝忧。但真正经历过大悲大喜人生的却是少之又少，所以你我都会从戏剧中寻求自己这辈子也许都尝不到的刺激。

而一个好的演员，一定是能触动观众的。今儿便来八卦一位被评为英国历史上最能触动人心的悲剧女演员、人称悲剧女王的萨拉·西顿斯（Sarah Siddons）。我们来看看她是如何爬到名利场的巅峰的。

萨拉·西顿斯夫人出生在一个经营戏剧的家庭里，她父亲便是一个小戏班的头子。但他做梦也不会想到，他的大女儿会成为演艺史上最杰出的女演员。其实在那个年代，由于太多的女戏子同时担当着高级妓女、情妇等职业，女人做演员依然有着不好的寓意。所以最初，萨拉的父母是不同意她去做演员的。

为了阻止她这种不切实际且“不自爱”的想法，她父母把她送到某贵族那里去做女佣。可以说，她在主人那里头一次看到了荣华富贵是个什么样子。不想一辈子给人当仆人的她，最后还是放弃了薪水颇高的职位。毕竟，对一个有野心的人来说，天天看着碰不到的富贵，无疑是一种煎熬。

萨拉的心意已决，最终拧不过她的父母也同意她登台演出了。果然，她不负自己这番周折，一登台就得到了好评。她的确是个相当有天赋的女演员。进演艺圈才不到两年，19岁时便崭露头角，得到了在当时已经成为名角儿的大卫·盖里克（David Garrick）的赏识。**#虽说成名要趁早，但是早不早还是得看天分#**盖里克觉得她是个可造之才，便邀请她在伦敦的顶尖戏剧区德鲁里巷（Drury Lane）登台。你问德鲁里巷有什么了不起?

其中飞跃就好比，你本是在乡村戏园子唱二人转的，但一觉醒来，居然被

William Hogarth, *David Garrick as Richard III*, circa 1745.
威廉·贺加斯，《饰演理查三世的大卫·盖里克》，约 1745 年

邀请上了春晚。**# 这一夜爆红的心情，你们感受一下 #** 不用问，西顿斯当时激动得鼻涕泡都快出来了，做梦都是笑醒的。但可能是因为没见过什么世面，一上台就吓 pee 了。头场戏，演砸了。各种差评狗屎滚粗如雪花片儿似的飞向了德鲁里巷。

最终她没镇住场子，以失败落幕，第二天便收到了剧团经理的便条："德鲁里巷将不再需要你的服务。"言外之意，叫她收拾铺盖，立马滚粗。**# 演艺圈自古以来就这么残酷 #** 本该是一个季度的演出机会，直接被砍掉。用她自己的话说："作为荣华富贵的失败候选人，我被德鲁里巷放逐了。"

William Hamilton, *Siddons as Euphrasia in "The Grecian Daughter"*, 1784.

威廉·汉密尔顿，《萨拉·西顿斯在 <希腊的女儿> 中饰演欧菲莎》，1784 年

Sir William Beechey, *Sarah Siddons with Emblem of Tragedy*, 1793.
威廉·毕切爵士，《萨拉·西顿斯与悲剧的象征》，1793年

但俗话说得好，酒香不怕巷子深。被放逐后的西顿斯又回归到了乡级戏园子。人家不慌不忙，继续该干嘛干嘛，反正她坚信是金子在哪都会发光的。慢慢地，她又积攒了许多人气。终于在八年后，她被邀请重返德鲁里巷。你问她为何如此没骨气？那是因为没谁会和名利过不去，而且她等这一刻已经等得太久了。

 # 人在江湖漂，哪能不挨刀。只要能登台，什么都可抛 #

这次她气势汹汹，这次她无人可挡，这次她终于登上了梦寐以求的戏剧女王宝座。她被称为“最能煽动人心的悲剧女演员”。观众为她哭，为她笑，为她生，为她死。曾有一位观众因为太入戏，被她自杀的一幕惊得心脏病突发。如此她开始了她的名利之旅，各种名流贵族学者围着她转。其中包括我很喜欢

的埃德蒙·伯克（Edmund Burke）。

创作了《作为悲剧缪斯的西顿斯夫人》的画家约书亚·雷诺兹爵士（Sir Joshua Reynolds）更是把签名放在了画中她的裙摆上，并对她说："夫人，我将随着您的裙摆，名垂千古。"**# 马屁要这么拍才高端懂了吗 #**

西顿斯演过千种角色，但最拿手也是最出名的当属莎士比亚戏剧中的"马克白夫人"（Lady Macbeth）了。世人皆称，"马克白夫人"因她而生，她死后，便也随她而亡。

她饰演的马克白夫人至今仍是戏剧史上不能超越的高峰。当然，该走的还是得走。1812 年，她演了人生中最后一场《马克白》。这是她金盆洗手的告别演出。但在最后一幕前，观众们开始阻止谢幕，人们拒绝她离开舞台。西顿斯不得已再次登台，即兴了长达八分钟的临别感言。**# 总之就是说哭一片 #**

相比现今戏剧界的各种"女神""男神"，西顿斯夫人简直甩出他们一个宇宙。毕竟能让最注重规矩的英国人带头扰乱秩序跪求不让她走的演员，迄今为止只有她一位。

 # 人生如戏，你们只不过没她演得好罢了 #

The End

Thomas Gainsborough, *Mrs. Sarah Siddons*, 1785.
托马斯·庚斯博罗，《萨拉·西顿斯夫人》，1785 年

Ary Scheffer, *Dante and Virgil Encountering the Shades of Francesca da Rimini and Paolo in the Underworld*, 1854.
阿里·谢佛尔，《但丁和维吉尔在地狱遇见保罗和法兰西斯卡·达·里米尼的暗影》，1854 年

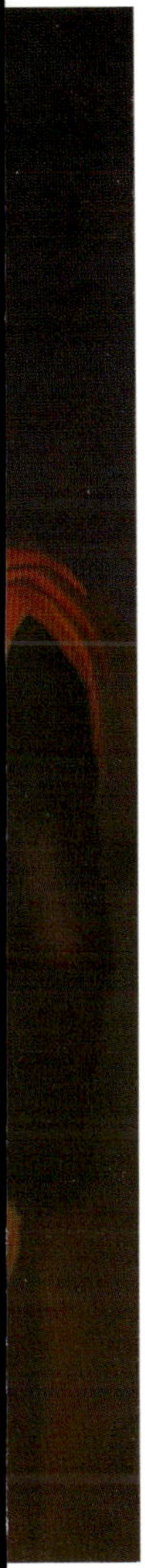

保罗与法兰西斯卡

俏嫂偷小叔　缠绵赴黄泉

保罗与法兰西斯卡，

就是一个西洋潘金莲幽会洋武松的故事。

这对男女在地狱也缠缠绵绵，你侬我侬，

坚持到底的奸情遇上一位文学家，

就化作了真爱。

且看这期，

死了都要爱：

俏嫂偷小叔，缠绵赴黄泉。

本篇八卦可歌可泣，可怜可恨。又是一位美貌姑娘嫁给武大郎，然后爱上英武小叔子的故事。但不像武松，这位小叔子可没有那么高尚的人伦情操，嫂子勾搭，立马上钩。俗话说得好：“好吃不过饺子，好玩不过嫂子。”

话要从何说起呢？13 世纪的意大利，就像我们的春秋战国，大小领主经常

打仗争地盘。互相之间联姻和亲都是分分钟的事。而我们这篇八卦的女主角，法兰西斯卡（Francesca da Rimini）的父亲，为了取得武大郎，咳咳，吉奥瓦尼（Giovanni Malatesta）的兵源，便把她送去了里米尼（Rimini）和亲。其实，这吉奥瓦尼勇敢威猛，又懂战略，是位难得的智勇双全的英雄。英雄配美人，本也该是一段佳话。**# 但老天从不遂人愿 #**

可惜这位英雄身有残疾，是个瘸子，让人不得不叹，天妒英才。而嫦娥自古爱少年。女主角的领主老爸觉得，就像所有美貌姑娘一样，法兰西斯卡肯定也看不上她这未来的瘸子相公。生怕这门亲事黄了的他，自作聪明地叫了新郎帅到爆的弟弟来代娶，好瞒天过海，玉成这婚事。然后，就像很多俗套的故事一样，美貌姑娘与前来接她的小叔子，看对眼了。

这位代兄娶嫂子的弟弟叫保罗（Paolo Malatesta）。法姑娘看到保罗，以为他就是自己未来的丈夫，那叫一个开心。**# 你问有多开心？恨不得立马就圆房的那种开心 #** 觉得这就是自己良人的她，分分钟倾心以待，恨不得以身相许。这位保罗，高大英俊，潇洒无比，生得那是一个风流倜傥啊。如果说吉奥瓦尼是功夫高强的武大郎，那这位则是绣花枕头般的武二郎了。**# 唉，真是龙生九子，总有一款是帅哥啊 #**

当然，纸是包不住火的。到了里米尼，拜完堂后，法兰西斯卡就知道受骗了。但生米已经煮成熟饭，再怎么闹也晚了。她从此天天对月流泪，对花吟诗，开始了她的矫情富贵少奶奶的生活。然后顺便惦记一下她的小叔子。当然，她的小叔子也惦记着她呢。原来，这英俊的小叔子不像武松那么正直也就算了，他居然还起了客串西门庆的心。

保罗自打看到美貌嫂子，便开始念念不忘，起了邪心。经常有事儿没事儿

Anselm Feuerbach, *Paolo and Francesca*, 1864.
安塞姆·费尔巴哈，《保罗与法兰西斯卡》，1864年

就过来走三趟。一会儿摘朵花，一会儿拈根草的，总之看得法兰西斯卡那叫一个春心荡漾。而这边，武大郎吉奥瓦尼自知理亏，也对她殷勤小意不间断。但是，毕竟落差太大。一边是英俊潇洒的小叔子，一边是嘘寒问暖的瘸子丈夫。本来绿叶凑合凑合也可以，但奈不得红花天天在你面前晃悠。**# 这个故事告诉我们，努力永远比不上美貌 ## 人比人得死，货比货得扔 ## 来自世界の恶意 #**

就这样，法兰西斯卡踏上了她的潘金莲之路。当一颗怨妇的心碰到一颗偷情的心，那结果不外乎天雷勾地火，彗星撞地球。总之，在情欲的催眠下，两人都忘了各自已结婚这事。在花前月下，房里床间，二人终于行了那苟且乱伦之事。

就这样，二人开始年复一年风雨无阻的履行叔嫂之间的特殊义务。但夜路

Sir Joseph Noel Paton, *The Murder of Paolo and Francesca*, 19th Century.

约瑟夫・诺埃尔・佩顿爵士，《保罗与法兰西斯卡之死》，19 世纪

William Dyce, *Francesca da Rimini*, 1837.
威廉·戴斯，《法兰西斯卡·达·里米尼》，1837年

走多了，总会遇见鬼。吉奥瓦尼还是发现了他们的奸情。其实他疑心很久了，可苦于没有证据。没办法，抓贼抓赃，捉奸捉双。终于，在那命中注定的一天，吉奥瓦尼趁他二人在床上滚得火热的时候，冲进了屋里，把这对奸夫淫妇，逮了个正着儿。怒火攻心已经不能形容他的愤怒了。忍无可忍的武大郎，一剑就刺了过去，让他二人成了一串鸳鸯。

你问然后呢？然后的然后就是，吉奥瓦尼彻底出名了。**# 王尔德说得好：在过去，丑闻总能让人名利双收 #** 作为成功翻身做主人的武大郎，他后来的人生很不错。继续做他的小贵族，东奔西跑地打打仗，最后还拿下了佩萨罗城

Anonymous Bolognese school, *Francesca da Rimini, Minos judges the souls*, early 15th Century, miniatura, Biblioteca Angelica.
博隆尼亚画派匿名作者，《法兰西斯卡·达·里米尼：米诺斯审判灵魂》，泥金装饰手抄本，15 世纪早期，藏于罗马安吉里卡图书馆

（Pesaro），在那里养老。毕竟，谁会为奸夫淫妇伤春悲秋呢？……除了但丁（Dante）！

要知道，历朝历届都是圣女贞德（Joan of Arc）少，奸夫淫妇多。但却只有那么几对没有淹没在历史的长河中，前如崔斯坦（Tristan）与伊索德（Iseult），近如我们的男女主角❖。他们靠的无非是“爱情”两字。只要扯上“爱情”两字，什么错误都可以被原谅。但丁与法兰西斯卡是同时代人物，有人说他曾受到过真实历史中的法姑娘帮助。

❖ 崔斯坦与伊索德非历史人物，而是中世纪诗人们杜撰出的人物。因为讲的也是一对男女通奸的爱情故事，故借来一用。

也许是为了报恩，也许是想显示自己颠倒黑白的才华。总之，但丁在他的史诗《神曲》（Divine Comedy）里把法兰西斯卡和保罗塑造成了一见钟情心意相通有缘无分求而不得辗转难眠最后情难自禁的一对奸夫淫妇，咳咳，是王子与公主。**# 相信我，但丁比我写得还肉麻 # # 历史教会姘头们，想洗白，要找大文豪 #**

读过《神曲》的都知道，但丁这部史诗通俗一些说来，也可叫作“但丁的地狱天堂历险记”。在维吉尔的陪同下，他游历了充斥着各种幽魂的九层地狱。

Sir Joseph Noel Paton, *Dante's Dream,from the Divine Comedy*, 19th Century.
约瑟夫·诺埃尔·佩顿爵士，《神曲：但丁之梦》，19 世纪

和我们的十八层地狱一样，这九层也是各有各的功效，每层都会囚禁一种罪恶类型。但丁便是在第二层的“纵欲场”中遇见了飘在空中的保罗和法兰西斯卡。原来，他二人因通奸罪，被罚永世飘荡在这狂风中，不得超生。**# 果然，上帝的三观还是很正的 #**

你问，那但丁到底是如何给他们洗白的呢？但丁写道：这对儿在狷风中挣扎的幽魂对他诉苦，道：

是爱迅速启示我那高贵的心灵，
使我得知他爱上那美丽的身躯，
但这身躯却被人无情夺去，至今我为此仍不胜唏嘘。
是爱不能原谅心爱的人不以爱相报，
他的英俊令我神魂颠倒，
你可以看出，至今这爱仍未把我轻抛。
是爱让我们双双丧命，无法到老。

咳，上一篇用人话说就是：因为爱情，所以我们通奸了。据说，在命中注

Gustave Doré, *Paolo and Francesca da Rimini in the Underworld*, 1863.

古斯塔夫·多雷，《保罗与法兰西斯卡在地狱》，1863 年

定的那天，他与她，堪比两朵白莲花，非常纯洁无辜地坐在一起阅读“兰斯洛特与桂妮薇尔”的故事。当读到书中二人的奸情，哦不，是爱情时，他们心中浓浓的爱火(欲火)也被点燃了。然后，不知道怎么就滚到床单上去了呢。**# 贱人就是矫情 #**

因为爱情，所以他们的通奸是崇高的，是令人向往的，是被人歌颂的，是会令无数所嫁非所愿的人都可尽情YY的。因此，这些画中，亲夫将永远是面目丑陋凶恶残暴的；而这对因为“爱情”所以通奸的姘头则是娟秀俊美的。似乎他们将会一直这么凄美浪漫下去。就连惩罚，都这么缠缠绵绵到天涯。

故事到这里就结束了。“爱情”与否，都不能成为做小三的理由。小三们也不要心存侥幸，觉得自己也可能会被洗白。这世上有几个文采如但丁的？所以，还是做个好人，别通奸，省得下地狱。好了，不说下去了，再说我就变陆琪了。**# 切记切记，不是每个下了地狱的奸夫淫妇都能碰到但丁的哟 #**

The End

Alexandre Cabanel, *Death of Francesca da Rimini and Paolo Malatesta*, **1870.**
亚历山大·卡巴内尔，《保罗与法兰西斯卡之死》，**1870** 年

Sir Joshua Reynolds, *Mrs. Masters as Hebe*, **1785.**

约书亚·雷诺兹爵士，《玛斯特夫人装扮成的赫柏》，1785 年

唐顿庄园的秘密

少时梦里云中仙　正是画中芙蓉面

她浪漫的心，让人青春永驻，

她花容的貌，则让人万劫不复。

画里，她是奥林匹斯山上的神女，

画外，她是每个男人心中的女神。

这个女人，眉眼带桃，

一颦一笑，都让人心碎到老。

正如那歌谣所唱：

“唉，那罂粟上的蜜糖，你永远甜美到断肠。”

这幅《玛斯特夫人装扮成的赫柏》是英国肖像画大师雷诺兹爵士（Sir Joshua Reynolds）所画。从18世纪中期开始，上流社会间（尤其贵族女子们当中）开始流行一种时髦玩法，就是把自己装扮成历史、神话或宗教中的人物，

《唐顿庄园》剧照

然后画成肖像，也就是所谓的“历史画肖像”。

这样一来，各路贵族小姐太太们便一跃成为女神女仙女圣人，过足了 YY 的瘾。而如果她们请来的肖像画家是有名气的约书亚·雷诺兹，那么名留青史不是梦。可以说，雷诺兹的爵士勋衔就是这么一笔笔画出来的。在他的画笔下，闺秀太太甚至女明星们都梦寐以偿地成了各式各样的不朽女神。

如书中之前提到的著名悲剧女演员，那位西顿斯夫人，作为 18 世纪英国当之无愧的戏剧女王，她在雷诺兹的画笔下，化身成永恒的“悲剧缪斯墨尔波墨涅”。

或如下面这幅画，雷诺兹让这位现已不知名的贵妇，摇身一变成了向维纳斯借取“美神腰带”的万神之后赫拉。

而《玛斯特夫人装扮成的赫柏》也是这种“历史肖像画”之一。这位玛斯特夫人，闺名索菲亚·黑伍德（Sophia Heywood），在闺阁中便以娇丽柔媚的

Sir Joshua Reynolds, *Juno Receiving the Cestus from Venus*, 1764-1769.
约书亚·雷诺兹爵士，《朱诺接过维纳斯的腰带》, 1764-1769 年

容颜风靡上流社会。男人们就像着了魔一样，无法抵抗她的魅力。这很大一部分是因为她的美貌，但更多则应该是因为她那颗无时无刻不在浪漫诗意的少女心。**# 现在俗称绿茶小清新 #**

不像同一时期的几位大美人，她从来就不想借着美貌往上爬。这位小姐的全部野心都在爱情上。可惜，她这满腔少女情怀并不被她老爸所认同。不仅不认同，她老爸还拆散了她与她那位很帅很帅却因是第二子注定继承不了家产的高穷帅之间的恋情，然后甩手就把她嫁给了富得流油的约翰·玛斯特（John Musters）先生。

你要以为这位玛斯特先生是个谢顶痴肥腆着肚子的老男人的话，你就大错特错了。**# 醒醒吧！ #** 索菲亚的爹毕竟是亲爹，怎么会如此对待从小宠到大的女儿呢？再说了，他女儿生得如此花容月貌，眉眼带桃，哪里需要找土豪老男人，一大把的青年"财俊"等着她呢。索菲亚老爸亲自选了一位大众情人般的完美绅士约翰·玛斯特。这位玛斯特先生可是又高又富又帅，为人彬彬有礼，年龄相仿，血统也好，能文能武，更重要的是还对索菲亚一往情深。**# 这般好郎君，可怜父母心 #**

就这么着，索菲亚带着千般委屈万般伤心勉强嫁给了坐拥千金万银深情款款的高富帅玛斯特先生了。**# 唉，本想说句"贱人就是矫情"，但不知为何，最后这话在心里变成了"只有如此美人，才配这般矫情"的辛酸语 ## 不说了，再说满脸泪！ #**

而成为玛斯特夫人后的索菲亚，美人之名并没有从此凋零。相反，已为人妇的她，依然难掩那颗娇柔甜美追求爱的少女心。这介于少女与少妇之间的浪漫气息，如罂粟如蜜糖如砒霜，让男人们明知会万劫不复，却仍执迷不悟难以自拔。而她便以丘比特的名义，在这些男人间，谱写了一场又一场的山盟海誓与别怨离愁。

George Romney, *Mrs Musters*, 1779-1780.
乔治・罗姆尼，《玛斯特夫人》，**1779-1780** 年

索菲亚那清纯可人的少女式气息，是男人曾经错过的美好，是那情窦初开时的爱恋，是让他们重返少年的青春之泉、琼浆玉液❖。

而这份天生的纯真媚惑，终于在雷诺兹的笔下修炼成正果：画里的玛斯特夫人已快足30岁。但好像时间也多偏爱她些，这里的她，脸颊娇嫩，容颜静好。一只纤足垫在云端，而乌丝则随着披肩飘荡在云间；正在给宙斯的化身斟下仙馔蜜酒的她，用那有些娇羞却无比魅惑的双眼望着画框外，问你：是否愿意随她去，让花归枝头，人返少年。

在画中，索菲亚·玛斯特的身影终与青春女神相重合：画里画外，她都是司掌那无限青春的奥林匹斯女神赫柏。雷诺兹爵士的这幅“历史肖像画”简直是再恰当不过了。

读到这了，似乎依然很文不对题。这和唐顿有什么关系？又有什么秘密？其实，之前我为什么说这幅画有意思到让我想八卦给你们听，那是因为它最近频频上电视。相信很多人都已看过它无数次，只不过没有发现它罢了。

这幅画就挂在了唐顿庄园的拍摄地海克利尔城堡（Highclere Castle）里。每次伯爵一家上下楼时你们都会看见这位青春永驻的玛斯特夫人。而托这幅画的福，我最近又发现，这座城堡还出现在了另一个ITV历史剧里：《阿加莎的马普尔小姐》第一季第三集《命案目睹记》，也是集为了爱情而杀的戏码。

❖ 这里的“青春之泉”是西方 *Fountain of Youth* 的直译，而“琼浆玉液”则是希腊神话中奥林匹斯众神所饮的长生不老仙馔蜜酒的另一种译法。

想想实在有趣。在雷诺兹的画笔下，一生追逐爱与美的玛斯特夫人，化身成青春女神赫柏，辗转来到海克利尔庄园里，挂在那墙上，静静地继续目睹着，这人世间一幕幕的得到与失去，心碎与别离，和那转眼即逝却也能在那瞬间令人癫狂痴迷的爱情悲喜剧。

 # 千百年过去，你我仍看的是那同一场戏 #

The End

《唐顿庄园》剧照

桂 冠 文 人 们 的 八 卦

女 诗 人 莎 乎

我 本 佳 人　偏 慕 娇 娘

才华横溢的莎乎是希腊最著名的女诗人。

生活在公元前 7 世纪的她，
曾在写给女友的情诗中高傲预言，
“另一个时空里，将有人传诵我与你”。

她的故事，
也确实成为一段时间也磨灭不了的远古传奇。

这个故事将围绕着一位希腊女诗人。才华横溢的她，一生充满了谜。你我如今也只能管中窥豹一番。**# 这是一篇献给拉拉们的八卦 #**

看到这里，相信你已经猜到故事的主角是谁了，是哒，她就是希腊九大抒情诗人中唯一的女诗人莎乎（Sappho）。她出生在公元前 7 世纪的希腊，莱斯波斯岛（Islands of Lesbos）。父母是岛上的掌权家族中人。但父母到底是谁，名讳确切为何，却无人知晓。唯一知道的是，她出身权贵家庭，从不缺钱，到

Jules-Élie Delaunay, *Sappho Kissing her Lyra*, 19th Century.
朱利斯·伊里·德洛涅，《莎乎亲吻七弦琴》，19 世纪

处吃喝玩乐，是白富美中的白富美。

你问，我怎么知道她是白富美啊？她生平的确不详，但不代表完全没有呀。文献记载，莎孚有三个兄弟，分别叫三个非常难读的希腊名。其中一位被记录过在米蒂利尼市政厅工作，这是只有几个掌权家族子弟才能有的殊荣。而且学者们还发现，莎孚在诗歌中所说的一些生活细节，和同一时代其他文人们所描述的有所不同。

一翻档案才明白，原来这是白富美与屌丝们的差距造成的。

 # 自古世情皆如此：千金与屌丝，距离不止一点点 #

身为顶尖白富美的莎孚，生活毫无压力。哪怕在女人颇受束缚的古希腊，她也是想干嘛就干嘛。其他女人只能坐家里纺织养孩子，她却可以到处游走，跻身在男人当中，与他们辩论、写作，互相欣赏，互赠诗歌。像其他女人一样，她也结过婚，生过一女。但这并没阻止她和其他男人女人调情滚床单。**# 所以说，规矩永远是给屌丝们准备的 #**

其中一位与莎孚有过暧昧的则是九大抒情诗人的另一位——米蒂利尼的阿尔卡艾乌斯（Alcaeus of Mytilene）。和莎孚一样，出身莱斯波斯的他，也属于贵族阶级。他经常与莎孚交换诗歌，互赠情怀。相传，莎孚最爱做的事，便是听这位美少年阿尔卡艾乌斯边唱诗歌，边弹七弦琴。而阿尔卡艾乌斯也称莎孚为“有着紫罗兰般秀发，笑容如蜜甜的纯净莎孚”。**# 当然，也不排除他俩在互捧臭脚的可能性 #**

可惜，花无百日红，人无千日好。因莎孚所在家族的政治斗争失利，莎孚被放逐了。流亡西西里的她，依然带着她那把七弦琴，边走边唱。当然，这次除了赞美一路的风光明媚，她也时不时地在诗里抱怨在西西里贫穷简陋且不方

Simeon Solomon, *Study of Sappho*, 1862.
西米恩·所罗门，《绘有莎孚的练习稿》，**1862** 年

Lawrence Alma-Tadema, *Sappho and Alcaeus*, **1881.**

劳伦斯·阿尔玛-塔德玛，《莎孚与阿尔卡艾乌斯》，**1881** 年

John William Godward, *In the Days of Sappho*, 1904.
约翰·威廉·格维得，《那些有莎孚的时光》，1904 年

Raphael, *detail with Sappho from The Parnassus in the Raphael Rooms in the Apostolic Palace*, Rome, 1510-1511.
拉斐尔，《帕纳苏斯山》（局部：莎孚部分），位于罗马梵蒂冈宫的拉斐尔房间，1510-1511 年

便的日子。**# 善意提醒：记住，没有贫穷是方便的 #**

不过老天没准备叫她继续抱怨下去，没过多久，她又回到了莱斯波斯岛。这次，她到死也没离开。**# 西西里这趟就当体验生活了 #**

为什么我说这篇八卦是献给拉拉们的呢？这是因为莎孚就是历史上记载的第一位拉拉——英文女同性恋（Lesbian），便是源于她的老家莱斯波斯岛 Lesbos 一词。她的诗歌里充满了对女人的爱慕和那求而不得的苦。**# 也能理解，不是所有女人都有本钱像她这么惊世骇俗的 #**

当然，她很有可能是男女通吃，毕竟她女儿也不是从石头缝里蹦出来的。

日子也就这么过着，但时间不仅催人老，它还催人死。再怎么才华横溢如莎孚，也逃不过死神的镰刀。正如她生前一样，她的死亡也是个谜。有人传，莎孚后来爱上了一个摆渡人，一个受过美神洗礼的男人。这美男子与她巫山云雨后，便弃她如敝履，把她折磨得容颜憔悴，形销骨立。

心碎到发狂的她，抱着七弦琴，跳入了海中，消亡在那片泡沫里。

不过，这个故事已被证明是后世为了凸显她异性恋倾向时所编排出来的传说。不过要我看来，这不过是对她望而却步、求而不得的男人们写出来满足自己沙文主义玻璃心的话。这传说充满了对莎孚的报复。尊贵如莎孚，却被一个区区船夫给玩弄了感情。所有比船夫尊贵的男人，顿时心理就平衡了。**# 高富帅与屌丝们在嫉妒心面前，人人平等 #**

她的诗歌，在古希腊和罗马，甚至拜占庭时期，影响颇广，但可惜的是，存世不多。这其中有很多原因。如不想让这个女人的影响力再扩广，继而烧书的天主教宗们。但最重要的原因还是那场著名的亚历山大图书馆灾难。莎孚的

Sappho's poem "An Old Age" (lines 9-20)

Papyrus from 3 Century B.C. The exhibit from Altes Museum Berlin, Copy of Cologne exhibit.

莎孚诗歌残篇

Charles August Mengin, *Sappho*, 1877.
查尔斯·奥古斯特·曼金，《莎孚》，1877 年

诗歌，随着那场大火，同千万文字一样，化为灰烬。现在我们所能读到的，只是零星碎片。管中窥豹，也只能见此一斑了。

莎孚的成就与才华，虽然现在看不到了，却也是毋庸置疑的。相传，柏拉图（Plato）曾道：“有人说缪斯有九位，真是粗心大意啊！瞧，那个莎孚，来自莱斯波斯岛的，便是第十位。”希腊七贤中的梭伦（Solon）曾听自己的侄子哼唱过莎孚的诗歌，他便要求也要学。人们问他为什么，他说：“因为我要了解它，然后死去。”

 # 古希腊版的“朝闻道，夕死可矣”，你们感受一下 #

Simeon Solomon, *Sappho and Erinna in a Garden at Mytilene*, 1864.
西米恩·所罗门，《花园中的两位女诗人——莎孚与埃里纳》，**1864** 年

对历史的长河来说，莎孚正如昙花，刹那芳华，一现便谢。可对后世的文人墨客来说，她就是那不折不扣的第十缪斯。

最后献上一个我很喜欢的莎孚诗歌片段，我才疏学浅，翻译不当，请大家不要介意，随意感受一下。

Some say cavalry and others claim
infantry or a fleet of long oars
is the supreme sight on the black earth.
I say it is
the one you love.

有人说骑兵，有人则说步兵，
或是那飞逝而过的舰艇，
才是这土地上至高无上的象与影。
我却说，
是你爱的那个。

——莎孚

The End

Principium amicitias!

真假莎士比亚

但留千卷书　莫问一生谜

他笔下有王公贵族，市井贩夫。

权谋争斗，狂喜悲苦。

但那支笔，却独独忘了录下自己的人生。

他，是莎士比亚。

或许与他脑中浩瀚的人类命运相比，

自己的故事早已无足轻重，

就任之如夏夜萤虫，

湮灭在了历史的秋雾中。

但留千卷书，莫问一生谜。

且探真假莎士比亚。

Unknown, *The Cobbe Portrait claimed to be Shakespeare*, circa 1610.

作者不明，被疑为莎士比亚画像的科布家族藏画，约**1610**年

这篇要八卦的这位是文学圈里的大腕，不夸张地说，也是近代文明史中最

出名的文人。他的文字与情怀影响了无数世代的读者，当然，也养活了不少好莱坞写不出新意的编剧和演员。但他的一生，却不知为何，让人难以置信般的扑朔迷离。

是哒，这位主角就是莎翁（William Shakespeare）。作为一位剧作家，威廉·莎士比亚无疑是成功的。他流传下来的作品，其中包括 38 部戏剧、154 首十四行及其他诗歌，被翻译成了世上所有主要使用着的语言，且表演次数远远超过其他任何剧作家。鲁迅尊称他为莎翁，并赞他为英国文学史上最杰出的戏剧家。

他的成就，可以算是前无古人，后无来者。迄今为止，也未有人能在文学上超越他的影响力。他的每个故事都让人耳熟能详；人们为他笔下的人物而神魂颠倒，着迷不已。可这么一位让人疯狂崇拜的历史人物，史料中的生平记载却是少得可怜。他的家庭生活、子女后代、性爱取向，甚至长相，都一直是个谜。

但作为八卦中的战斗机，我依然为你们八卦出来了些许皮毛。俗话说得好，没鱼虾也好，这就开八这段“真假莎士比亚”。威廉·莎士比亚生于 1564 年 4 月 23 日，英格兰沃里克郡雅芳河畔的斯特拉特福小镇中的一个殷实的家庭里。**# 注：因无人知他确切长相，配图将会有许多后世人画的臆想肖像 #**

父亲是一位手套商人和市参议员，而母亲则是一位富裕地主的女儿。殷实的背景让他在少年时就受了相对完整的教育。有人说，这为他后来的戏剧文笔奠定了扎实的基本功。当然，也有人说，他上的那个普通的平民学校是培养不出这么好的文笔的。**# 这也是“他并非真实人物”理论派的支持点之一 #**

关于莎士比亚的八卦，我很显然不是第一个挖的。人们对莎翁私生活的兴

Unknown, ***Flower portrait of Shakespeare (forged in 19th Century)*****, circa 1820-1840.**
作者不明，莎士比亚画像弗洛瓦家族收藏版本，**19** 世纪伪作，约 **1820-1840** 年

Unknown German Engraver, *Imaginary illustration of Shakespeare reciting his play Hamlet to his family*, circa 1890.
未知德国版画家，想象插图：《莎士比亚向家人诵读 < 哈姆雷特 >》，约 1890 年

趣早在他死后不久就如雨后春笋一般，唰唰唰地往外冒。各路文人墨客开始 YY，形成了无数个版本的“莎老头的幸福生活”。正如这幅 19 世纪的版画描绘的一样。高谈阔论的莎士比亚，旁边围绕着他那孝顺又好学的俩女一儿。

而他的妻子就像那时所有中产阶级的贤妻一样，坐在一旁做女红。顺带着，旁边还趴着一只温顺的狗。可以说，这从哪看，都是一个父亲才华横溢、妻子贤良淑德，而儿女孝顺好学的温馨五好模范家庭啊。可惜，事实永远与 YY 相反。但也幸好如此，要不然我们还有什么可八的呢？

莎士比亚的婚姻生活并不如画中所反映的那么美满。他与大他九岁的妻子安妮·海瑟薇（Anne Hathaway），在 1582 年结婚了。**# 是的，他老婆名字的拼写和好莱坞的那位大美人一模一样 ##And NO，她俩不是亲戚 #** 但为什么

一个 18 岁小少年，会和一个 27 岁的老女人结婚呢？这个岁数差异就在当今来说，也是巨大的。

27 岁在现代护肤保养品的帮助下，没准还是一朵花儿，但在 16 世纪，的确是老女人了。那到底为什么？答案很经典：海瑟薇怀孕了。**# 以为是爱情的，都自抽嘴巴吧 #** 要知道，她肚子里的不止是个孩子，也是个让她摆脱老姑婆身份的长期饭票。她怎能不死扒住不放呢？ **# 沧海桑田，但女人绑老公的手段千古未变 #**

莎士比亚的家境并不算大富，却也十分殷实。而海瑟薇家可就不一样了。她那个农工父亲去世时，只留给了她 6 镑 3 先令 4 便士。你问这合多少现金？**# 这我哪知道！ #** 咳咳，总之就是穷得不能再穷了就是了。奉子成婚后，生下了第一个女儿苏珊娜（Susanna），之后又在 3 年内生下了一对龙凤胎：哈姆内特（Hamnet Shakespeare）和朱迪丝（Judith）。

刚开始，日子还是能将就过的。但是随着时间的转移和海瑟薇脸上褶子的增生，莎士比亚觉得这日子实在是没法儿过了。就像所有贱男一样，他落跑了。然后，就出现了莎学者们所称的“丢失掉的日子”。在 1585 年到 1592 年这段时间里，没人知道他在哪。有人说，他曾在一家天主教学校教书。有人说他在某公爵家里教书，还有人说他与那公爵经常眉来眼去有了一腿。但到底他做了什么，去了何方，和谁又有了一腿，没人确切地知道。当然，除了莎学家们，也没人会那么 care。毕竟，这段八不出来，我们就去八别的呗。**# 面包会有的，八卦也会有的 #** 终于，在 1592 年的各大戏剧院的史料里找到了他的踪影。

他来到了伦敦。至于他为什么突然从乡下跑到伦敦，也有各种传闻。其中一种是说他因在乡绅鲁西（Thomas Lucy）土地上偷猎鹿被发现，为了不吃牢饭，

Sir Nathaniel Curzon, *Anne Hathaway*, 1708.

纳撒尼尔·寇松爵士，《安妮·海瑟薇画像》，**1708** 年

便一路连滚带爬地逃到了伦敦。当然，作为一位大文豪，莎士比亚怎能轻易就罢休？为了报复，他做了古今中西文人都做过的事：写了一首长诗来大骂那个人。

总之，他到了伦敦。而我相信，每人都有自己的福地。很显然，莎士比亚的福地在伦敦。刚到不久，他就开始写作。结果就像我们知道的一样，他开始大红大紫了起来。他到底有多红，不用我说，你也知道。大街小巷的人都涌到了戏剧院去看他的剧作。这些狂热的观众，和现今的追星族有一拼。

可以说，墙里的小姐和墙外的丫头们，都想和他有一腿。而他也来者不拒，生冷不忌地都全部照单收下。在泡妞这方面，莎翁可谓是如鱼得水。据说，有次一个女粉丝给莎翁《理查三世》剧里扮演主角的俊俏小生留纸条，叫那小生晚上与她幽会。莎老头猥琐地躲在一旁听见后，居然提前跑到幽会地点去敲那姑娘的门。

Attributed to John de Critz, *Portrait of Earl of Southampton the 3rd (Henry Wriothesley) in his teens*, circa 1590s.
或为约翰·克里茨所作，南安普敦伯爵三世亨利·里奥谢思利少年时画像，约 1590 年代

姑娘听到不是情郎后，便跟他说“我的门只为理查三世而开”。但如果莎翁因这点事就被打退的话，那他也就写不出《罗密欧和朱丽叶》这种篇篇都是甜言蜜语的著作了。他回答道：“但征服者威廉（William the Conqueror）* 总会比理查三世（Richard III of England）早来到。”而谁又能拒绝一个油嘴滑舌的征服者呢？**# 论泡妞到底能激发多少灵感 #**

* 征服者威廉是英国早期的一位君主，暗合威廉·莎士比亚的名字

但泡妞抢马子不是莎翁唯一的兴趣。美女萝莉他是爱，但据说，正太们他也不放过。**# 如此博爱，感动到 cry#** 莎士比亚在他的戏剧和诗歌里时不时就会写上两句“啊！美少年，你如春光，照耀到我怀里和我的胯下”之类的香艳句子。相传他不止和他剧院里那些正太戏子们有一腿，他居然还和当时著名的贵族美少年——南安普敦伯爵（Henry Wriothesley, 3rd Earl of Southampton）勾搭上了。**# 图为那位美人儿伯爵 #** 真是应了那句话，有才华的文人，没有一个不是情圣的，连贵族美人儿都逃不开一张能甜言蜜语的嘴。所以说，你们别怕。泡妞没钱也可靠天赋。**# 至于没天赋又没钱的，准备好迎接孤独的一生**

Eugène Delacroix, *Hamlet and Horatio in the cemetery*, 1839.
欧仁·德拉克罗瓦，《哈姆雷特和荷瑞修在墓地》，1839 年

吧 ## 别怪我，要怪就怪这残酷的世界 #

俗话说得好，职场上得意，情场就未必。如果情场上你也得意，那你赌场上就得失意。总之，不管什么场，你就是不能个个都得意，否则就不科学。但对于名利双收，左怀右抱，正太萝莉、贵族贫民都不放过的莎士比亚，很难想象，他人生还有哪里不得意的。可老天总是公平的。**# 十全十美总是梦 #**

在他正平步青云、志得意满之时，家乡传来了噩耗。他唯一的儿子哈姆内特，去世了，年仅 11 岁。这对莎士比亚的打击不可谓不大。他穷极一生也未能忘掉这份哀愁。他把这份丧子之痛孕化成了灵感源泉，笔下许多悲剧都有这段经历的影子。最著名的应当就是《王子复仇记：哈姆雷特》和喜剧《第十二夜》。

在哈姆内特去世前，莎士比亚创作的剧本主要可归为喜剧与历史剧，而之后，则更专注于悲剧与悲喜剧。后来的后来，他依然大红大紫，放荡不堪。但很突然的，在人生创作最高点时，他隐退了。回到了家乡，三年后便病逝了。从遗嘱中能看出，他最宠爱的是大女儿——曾带在身边过的苏珊娜。

他把大部分钱财都留给了苏珊娜，而小女儿得到的相比之下，则少得可怜。**# 感谢党的独生子女政策吧 ## 没人和你争财产是多么幸福 #** 如果从遗嘱就能看出爱恨的话，那莎士比亚的确如传闻所说，烦他妻子烦得要死：他只留给了他老婆结婚时曾用过的一张旧床。**# 人生混到这份儿上也够惨的 #**

Facsimile of the signature of Judith Shakespeare, **From the deed in 1611, from James Orchard Halliwell-Phillipps, Outlines of the Life of Shakespeare Vol. 1, p.169, 1889.**

1611 年契约上的朱迪斯·莎士比亚签名手迹摹本

Susanna Hall's signature, **The deed dated 2 June 1647.**

苏珊娜·豪尔（苏珊娜·莎士比亚）的签名手迹摹本，见于一份生成于 1647 年 6 月 2 日的契约

Attributed to John Taylor, *Chandos Portrait of William Shakespeare*, circa 1600s.
或为约翰·泰勒所作，被认为是莎士比亚像的钱多斯版肖像，约 1600 年代

关于莎士比亚的生平，传记学者与历史学家们依然辩论得面红耳赤。有人说他的作品是别人代写的，有人说他根本就没写过任何东西，只不过是个顶名的。就连他的各种肖像画，其真实程度也常被争来争去。自莎翁死后，他的各种画像就如雨后蘑菇般嗖嗖嗖地冒了出来，每个世纪都会跑出来几幅“莎翁肖像画”。

这幅配图是流传最久的《钱多斯版莎翁肖像》，但最近也被怀疑为伪造。

近期，章首中的那一幅，所谓的《科布版莎翁肖像》在才被认证为“真正的”莎翁不久后，又被认定为假肖像。到底是《钱多斯版莎翁肖像》中一身庄重黑色的是他，还是《科布版莎翁肖像》中衣缠金线、满身贵气的是他，迄今也还没有最后的定论。谁是真？谁是假？他又到底是谁？那到底，有没有莎士比亚这个人？

这一环又一环的谜题最后只能像“莎翁”曾在自己一剧中所写的那样：“这纠纷要让时间来理清；叫我独自一人打开这千古结儿怎么成？”**# 这世界是个大舞台，入戏太深也许就再也出不来 #**

The End

Sir John Gilbert, *The Plays of William Shakespeare*, circa 1849.
约翰·吉尔伯特爵士，《莎士比亚戏剧人物合集图》，约 **1849** 年

浪荡拜伦家族（上）

我的亲戚是极品

才华横溢的人，往往血液里同时奔腾着狂浪与不羁。

既有过人之处，必做惊世之举。

都来看看诗人拜伦，还有给了他悍勇而浪漫 DNA 的拜氏祖先吧。

他们的故事，会让你惊觉，

有一堆极品亲戚，是踏上天才之路的前提。

这篇的八卦会分成上、中、下，这篇只是个前传：主角是那位放荡不羁的贵族诗人的祖宗们。

Richard Westall, *George Gordon Byron*, 1813.

理查德·韦斯托，《乔治·戈登·拜伦》，1813年

Sir Anthony Van Dyck，*Charles I in three positions*, 1635 - Before June 1636.
安东尼·凡·戴克爵士，《查理一世三换位画像》,1635-1636 年 6 月前

应该有人看出了，上页图中，长相清俊、托腮沉思的帅哥，便是 19 世纪浪漫主义诗人拜伦男爵（Lord Byron）。他才华横溢，却放荡不羁，出身良好，却穷得可以。到底是什么让他喜怒无常、阴郁孤僻呢？我觉得老外有句谚语说得好："苹果虽掉地，却不会离树有多远。" **# 就是上梁不正下梁歪，烂竹子必定出歹笋的意思 #**

所以这篇，我们就来八一八养出大诗人乔治·戈登·拜伦（George Gordon Byron）第六代拜伦男爵的这棵祖宗树，到底有多荒谬。拜伦家族的男爵位是英国断头国王查理一世（Charles I of England）时期被赐封的。查理在内战期间，开始大封爵位。只要支持他的军官和贵族们，都得到了不少册封。反正封爵也

要不了他几个钱，反而还能得到一片忠心。只要替他打仗流血的，就都封爵位！**#怎么想都是划算的买卖呢#**

而就在查理国王打着小算盘的同时，他的部下们也开始摩拳擦掌，一个个也都想着怎么能既不流血又能升爵。**#主仆们分分钟心连心#**估摸着这也是为什么查理这场仗注定会败，毕竟军官们一个个都想好好地活着享贵族的福，自然不肯卖全力。不得不说我们的老祖宗们在搞人心方面甩查理一万条街。他们深深明白，马儿只有吃不饱时才会跑，吃饱了就只会睡觉。所以激励军兵们只有一句话足矣：打胜仗才能荣华富贵，打输了就得一起死！**#一句话就能换来热血才是真正的划算买卖#**

而事实上看来，拜伦男爵一世（John Byron, 1st Baron Byron）也是那千千万滥竽充数的没用的军官之一。仗还没怎么打呢，他的军团就死了不少人。在查理一世上了断头台后，他则被英国放逐，逃到了巴黎，继续过着他男爵的生活，一生也不过了了。真正让人津津乐道的是他老婆。别看他碌碌无为，却娶了个美人老婆艾琳诺（Eleanor Needham, Lady Byron）。在拜伦一世死后，她依然混得风生水起。最后居然当上了英国查理二世（Charles II of England）的情妇。

在欧洲王室，当情妇可是好差事。小贵族们都以能当国王情妇为荣。当了情妇不仅能嫁好人家，还能得到封爵和封地。只要你一生不犯错，就可以舒舒服服地活到老。简直划算死啦！他们到底有多自豪呢？我来给你讲一下我的亲身经历。有次去一个英国朋友家做客，他带我参观祖先肖像。一长排的画，他哪个也没介绍，只介绍了一幅美人图，拍着胸脯跟我讲，这是他太姨婆，以前是乔治一世（George I of Great Britain）的情妇！那双眼里赤裸裸地写着俩字：自豪。

言归正传，拜伦一世与他夫人艾琳诺，并没育有任何继承人。所以他这个费了老劲拼来的爵位，就落到了他弟弟的头上。而大诗人拜伦六世，则是他弟弟这一支中传下来的后裔。也许是基因问题吧，这一支其他人的日子也过得非常狗血。其他人我也就不多说了，就挑一个最狗血的讲给你们，拜伦男爵五世、诗人拜伦的伯祖父、杀人放火的诈骗犯、人称“邪恶的拜伦”、威廉·拜伦（William Byron, 5th Baron Byron）。**#他让我知道了，贵圈永远比你想象的还要乱#**

如果光以恶名来衡量一个人的名气的话，诗人拜伦的这位伯祖父可比他出名多啦。本来前半生还是一个做慈善、顾家庭的老好人。突然到了40岁，就跟被附身了一样，开始酗酒赌博。然后在一次酒醉争执中，把自己的表弟给一刀杀了。其实争吵的原因非常弱智。两人喝醉后，突然争执起谁家庄园有更多野兽可以供打猎。两人越吵越怒，就在双方都脸红脖子粗时，拜伦五世一把抓下墙上的剑，一下子就戳进了表弟的肚子里。**#黑心小建议：如果你嘴上吵不过，就从肉体上结果了对手吧##你必胜！#**这倒霉的表弟，看着自己的肠子流了一地时已经吓呆了。被人扛到床上又大概疼了一天才归西。而就在这最后一天里，这位也很好斗的表弟一直嚷嚷说，如果当时要是在灯光好的地方决斗的话，他一定能杀了拜伦五世！**#有位网友总结得很好：这就是一起因炫富而引发的悲剧##突然觉得这一家子有点萌……#**

当时因正在开party，所以很多人都看到拜伦五世把表弟给杀了，他想赖都赖不掉。当众人确定他表弟咽气后（毕竟要是没死的话就不用送官了），就把他扭送上法庭了。可惜当时英国的法律不兴“王子犯法与庶民同罪”这一套。因为他是贵族，最后就被勉强判了个“误杀”，罚了点钱就了事了。

你问拜伦五世悔过没有？我可以很确定地说，他没有。在回到家后，他把这柄刺死自己表弟的剑，挂到了卧室墙上。据说是要每晚对着它，想想自己的功绩，才好入眠。可能杀人这种事会上瘾吧。果不其然，没过多久，他又弄死了一个。貌似是他与夫人赶路时，他的马车夫与他顶嘴来着。然后拜伦五世二

Sir Peter Lely, *Eleanor Needham, Lady Byron*, circa 1664.
彼得·莱利爵士，《拜伦夫人，艾琳诺·尼达姆》，约1664年

话没说，掏出枪就给了马车夫一子弹，再次从肉体上消灭了对手。你问马车夫死了，谁来赶路呢？别担心，五世大人早就想好了一切。他把马车夫的死尸抛给坐在车内的老婆后，自己拿起缰绳，驾起车来。**# 这才是终极版，彪悍的人生不需要解释 #** 但可能与死尸共乘一车是他夫人的底线吧，没过多久，他老婆就跑回娘家，从此和他断绝了关系。

你以为他老婆的离家出走会让“邪恶的拜伦大人”幡然醒悟吗？NO！你错了。他老婆走后，他过得更逍遥了。在自己庄园里又建了好几座仿中世纪的古堡，内部奢华无比，专门供他和他那群狐朋狗友召妓作乐。**# 而谁又会拒绝去中世纪版的天上人间玩儿呢 #**

顺便，他还把自己的一个女仆收成了情妇。他收他的也就罢了，还非逼着庄园的人称她一介平民为“夫人”。在他贵圈的小伙伴们看来，他简直荒唐得不行。但谁也不会去说破，毕竟谁知他会不会也给自己一刀子呢。**# 已然放弃**

A. F. Lydon/ B. Fawcett/ F. O. Morris, *Newstead Abbey*, circa 1864-1880.
A. F. 莱登 / B. 福塞特 / F. O. 莫里斯，《纽斯特德寺》印刷物，约 1864-1880 年

了治疗的人，就随他去吧 # 可他唯一的儿子，也是继承人，最终受不了老爸的行径，决定逃走。但有其父必有其子，他也没正常到哪去。他自己逃走也就算了，居然还拉上了他堂妹朱莉安娜·拜伦（Juliana Byron）一起私奔。**# 真想知道这一家子的脑袋都是什么做的 #**

平时非常不靠谱的拜伦五世，这时脑子突然灵光了起来，坚决不同意儿子与堂妹联姻。称近亲联姻容易出疯子弱智神经病，会影响家族后裔！ **# 让我和小伙伴们都惊呆了的是，他居然觉得自己精神正常 #** 当然，最后还加了一句：爸快没钱了，所以你得娶位富得流油的千金来填补家族财务窟窿，OK？ **# 不为我，为了家族 ## 品德高尚到 cry#**

当然，尽管我被拜伦五世的高尚情操给感动到 cry，他儿子就没这么好说服了。可以说，他儿子觉得他在放屁，还说他压根就不想要拜伦男爵这个封号，让他和他的封号去吃屎吧！然后，在他老子准备抽刀砍他前，他就很帅气地带

着堂妹跑了。没砍到人的拜伦五世非常愤怒，已经气疯了的他放话说，他决定在有生之年把家族的钱都花光！不让儿子继承时拿到半毛钱。他就像个泄愤的孩子一样，**#但是个神经不正常的疯孩子#**开始把庄园里的树给砍掉，继而烧掉，顺便把猎场的飞禽走兽也统统给弄死，其中包括两千多头上好的鹿。你以为这就完了吗？NO。他毁完庄园开始毁宅邸。

左图中就是拜伦家族的祖产纽斯特德寺（Newstead Abbey）。这传承几百年的宅邸，就是在拜伦五世时弄得如废墟，搞得后来的六世，也就是诗人拜伦在继承后不得不在附近村中租房住。

不过拜伦五世这个毁家灭地的小 Evil 计划，在 1776 年时中断了。这一年，他收到了儿子的死讯。这从小被当成继承人培养的儿子，也是他唯一的儿子的死讯，对他来说打击很大。也许他一直以为儿子会回来的。他终于停止了自己的疯狂行径。转而想抚养他孙子，让他继承家业。可惜，他之前太讲信用，说好毁家族财产，就毁得非常彻底。搞得拜伦家业已然四散凋零。

不像他之前所担心的那样，他这孙子不仅精神正常，还非常上进。小小年纪就参军了，想着去赚个军功什么的，反正那时也没有什么大战，熬几年，弄个军功是十拿九稳的事。但可能老天真有报应这么一说吧，他最后的希望，这个孙子，居然在一次小战中被大炮轰死了。这次，拜伦他家的这一支，算是彻底绝后了。

在拜伦五世死后，拜伦男爵这个爵位就落到了我们熟知的浪漫主义诗人乔治·戈登·拜伦的头上。诗人拜伦和谁是一支的呢？就是和那位勾引拜伦五世唯一的儿子私奔的堂妹朱莉安娜·拜伦为一支的。朱莉安娜是诗人拜伦的亲姑姑。

有人问，为什么爵位落到诗人头上，没落到他爸头上呢?

那是因为，他老爸和这位伯祖父一样是个奇葩，也是位吃喝嫖赌欠债不还顺带勾引女人骗钱的不羁男子。但可惜不像拜伦五世能活到老恶到老，老天这次很正义地让诗人拜伦的老爸早早死掉了，死时才 35 岁。

想知道诗人拜伦的老爸到底有多渣吗?

赶紧翻看下一篇《浪荡拜伦家族（中）：我的老爸是渣男》。

To Be Continued

Coat of Arms of Baron Byron

拜伦男爵家徽

浪荡拜伦家族（中）

我的老爸是渣男

Unknown, *Engraving of Byron's father, Captain John "Mad Jack" Byron*, date unknown.

未知作者，《诗人拜伦之父，"疯子约翰"》版画，年代未知

上一篇的八卦，我们正说到诗人拜伦的多情、浪漫、狂放、孤傲都事出有因：基因的因。

这篇继续讲，养育拜伦的不凡亲爹，如何猎取豪门小姐芳心，生下拜伦的故事。

是的，爱上这样一匹极品的野马，你的草原上最好要有座金山。

上一篇我们说到了和大诗人拜伦同出一脉的极品祖宗们的极品人生，而这篇我们就来八一八生养出他这位极端又多才的亲生父母又是什么样子的。他父母的彪悍人生，又再次证明了老外的那句话："苹果虽掉地，却不会离树有多远。"

Sir Joshua Reynolds, *Captain the Honourable John Byron*, 1759.
约书亚·雷诺兹爵士，《海军上校，尊贵的约翰·拜伦》，1759 年

上期结尾时说到，拜伦男爵这封号之所以直接落到了诗人拜伦的头上，是因为他亲爹 (人称疯子 John) (John "Mad Jack" Byron)，这个吃喝嫖赌骗钱骗女人的人，年纪轻轻就死了。这位是拜伦五世的侄儿，父亲是位受人尊敬的海军军官。当年刚刚出道的肖像大师约书亚· 雷诺兹 (Joshua Reynolds) 曾画过他的肖像。但事实证明，好竹也会出歹笋。

诗人拜伦的爹被叫作“疯子 John”是有原因的。但这个疯，不是上期说过的拜伦五世砍人砍树砍自己房子那种明显有精神病的疯，John 的这个疯，是疯狂的疯。疯子 John 不仅神经正常，而且还精明得很呢。据当时人描述，他仪表不凡，玉树临风，年纪轻轻就会甜言蜜语，出席任何场合都能勾搭一片，搞得大姑娘小媳妇一个个都春心荡漾。

我知道，在上页那张图里，你看不出他任何的风流潇洒。但这是唯一流传下来的肖像。我也没办法，你们就凑合着看吧。**# 剩下的肖像，估摸着是被他**

抛弃的女人们给撕碎烧光了吧 #

疯子 John 小小年纪就修炼成了泡妞高手。16 岁便开始混脂粉窝的他，20 岁时已是个中高手。让他骗走心和贞操的女人远远不止一二三。而像所有相貌英俊但又好吃懒做的混蛋一样，他深知自己的泡妞天赋不能浪费，要物尽其用。就如奥斯汀笔下的投机男、负心汉，虽然外表堂堂，但内心如狼。

这种男人，不管外形多么英武，心里也只不过是个妓院里的头牌，永远勾着一把，吊着一堆，但双眼却总是那么小心翼翼地看着四方。脸上就差印上“待价而沽”四字了。他们无非是想用甜言蜜语和一张俊脸来娶一位白富美，然后用她的嫁妆一劳永逸地离开劳碌与贫穷。**# 婊子这物种，从来不分男女 #**

疯子 John 就是这样一个男人。22 岁那年，终于让他抓到了机会，一举泡上了比自己高好几层的大贵族——侯爵夫人阿米莉亚 · 达西（Amelia Darcy）。但她不仅仅是侯爵夫人那么简单。作为厚德尼斯伯爵（Robert Darcy, 4th Earl of Holderness）唯一的千金，她将在父亲死后继承所有财产和爵位。外加上老天给的美貌，我可以很有良心地说，阿米莉亚 · 达西是当时白富美一词的最佳代言人。

疯子 John 觉得终于找到自己的理想饭票了。不过在他与美貌饭票中间有一个非常严重的障碍：阿米莉亚 · 达西早已嫁为人妇了，连孩子都生出仨了。但如果你觉得已经成婚这件事能挡住 John 傍富婆的决心的话，那就大错特错了。他用行动告诉了你，什么叫持之以恒，什么叫痴心不改。**# 当然，这痴心的对象是谁，我想我不说你们也懂的 #** 总之，他根本不管人家是已婚妇女，开始疯狂地追阿米莉亚，天天吟诗作对，甜言蜜语。很快，阿米莉亚就抵挡不住疯子 John 的攻势，分分钟沦陷了。

左图为丢了珍珠要鱼目的阿米莉亚·达西。

François-Hubert Drouais, *Portrait of Lady Amelia Darcy*, 1764.
弗朗西斯 - 休伯特 · 杜拉斯，《阿米莉亚·达西小姐画像》，1764 年
Benjamin West, Francis Osborne, *5th Duke of Leeds*, circa 1769.
本杰明 · 韦斯特，《第五代利兹公爵弗朗西斯·奥斯博》，约 1769 年

被疯子 John 弄得神魂颠倒的阿米莉亚 · 达西，最终和老公决裂。儿子老公都不要，就丢下一切跟着 John 私奔到欧洲大陆去了。**# 爱情果然是让聪明人变傻，正常人变更傻的魔咒 # # 但你不得不说疯子 John 的手段的确高 #** 但她一走了之、不管不顾，不代表她老公不怕丑闻。为了让双方都能得到最后一点体面，也为了自己能再娶下一位老婆，最后这可怜的老公还是求阿米莉亚回英国，好正式和她办离婚手续，切个一刀两断。

有时想想，人物性格和背景，甚至连名字都那么像，疯子 John 和阿米莉亚 · 达西，是不是就是简 · 奥斯汀（Jane Austen）《傲慢与偏见》里的达西小姐（Georgiana Darcy）和韦翰姆（George Wickham）的原型啊？当然，奥斯汀笔下的达西小姐，早早就悬崖勒马，离开了韦翰姆，比现实中的这位幸运多了。

右图为阿米莉亚·达西的原配老公——弗朗西斯·奥斯博公爵。

得偿所愿的疯子 John，终于把白富美饭票娶回了家。当然，都闹到这份儿上了，不娶的话更丢人。婚后的他，开始拿着老婆的钱花天酒地夜夜笙歌。知道自己所嫁非人的阿米莉亚也没办法，毕竟她名声都臭了，再嫁是不可能了。索性想想，反正自己有的是钱，就当养个宠物吧。**# 豁达，就是一种接受狗屎人生的态度 #**

有人说，还好白富美犯傻，否则就没大诗人拜伦啦。啧，太 naïve，too simple 啊！你以为拜伦那种彪悍性格是这种傻乎乎的白富美能养出来的吗？ No No No ，拜伦老妈还没上场哪！也许是因为郁结在心，白富美没几年就死了。死后的她，财产和爵位全由与原配所生的长子继承。至于疯子 John，就像所有现代淘金女们一样，签过婚前协议的他，一毛钱也没得到。也就是说，疯子 John，辛辛苦苦这些年，一夜回到解放前。又得重新开始寻找猎物的他，发现自己的大名已上了所有大伦敦一带社交圈的黑名单。尤其是那些有女儿待字闺

Charles Molloy Westmacott, *The Fancy Ball at the Upper Rooms, Bath*, 1825.
查尔斯·莫洛伊·维斯马克特，《巴斯城的一场舞会》，1825 年

中的，更是防他防得跟黄鼠狼似的。不过俗话说得好，树挪死、人挪活。没办法，他只能转移阵地，重新再来。这次，他决定转战巴斯。

读过奥斯汀的都知道，巴斯这城市，是季季有 party，岁岁有丑闻。当时的巴斯，就像是民国时的上海，那叫一个纸醉金迷，夜夜笙歌。那里的上流社会舞会，也远没有在伦敦一代地区那么正经。而大水泵房舞会，其实就是现在的夜店：充斥着找乐子的高富帅和白富美与各种想一夜变凤凰的男女屌丝。

疯子 John 深知，要想隐匿一片树叶，就把它藏在树林里。 而巴斯最不缺的就是他这种骗人骗财又骗色的花花公子。可以说，巴斯聚集了全英国待嫁待娶的痴男女们。在这里，经常上演一幕幕的男女屌丝疯抢高富帅与白富美们的剧情。不夸张地说，群众们已经麻木了。在这里，疯子 John 终于找到组织了。

可高手云集的地方有一点不好，就是高手太多，竞争太激烈。而白、富、美三样都俱全的毕竟是少数。在僧多粥少的情况下，疯子 John 不得不改变策略。既然无法十全十美，那就三选一，选富吧。**# 果然是只爱钱财不爱容的真汉子 #** 很快，他就瞄准了一个目标，一位来自苏格兰的女继承人凯瑟琳·戈登（Catherine Gordon）。

凯瑟琳·戈登，是苏格兰的老贵族。不仅高贵，还很富有。她家是苏格兰王詹姆斯一世（James I of Scotland）的直系后裔。在欧洲那个看血统的地方，高贵的血统比什么都难得。可以说，如果凯瑟琳要是长得再好看一点，脾气再温柔一点，家族要再没那么疯狂一点，追她的人分分钟可以绕巴斯一圈。

不过，凯瑟琳有个致命的缺点，那是她两万三千镑嫁妆都无法弥补的缺陷。原来上流社会中一直风闻她家族有个诅咒，所有冠上戈登姓氏的，都不会得到善终。然而事实证明，这没准不光是个迷信。凯瑟琳的爷爷是被淹死的，两位姐姐少女时期就早早逝去了，不久之后，她亲爹的死尸也被发现漂浮在巴斯运河上，母亲则受不了打击，也相继去世。**# 果然，一个连钱都解决不了的问题，**

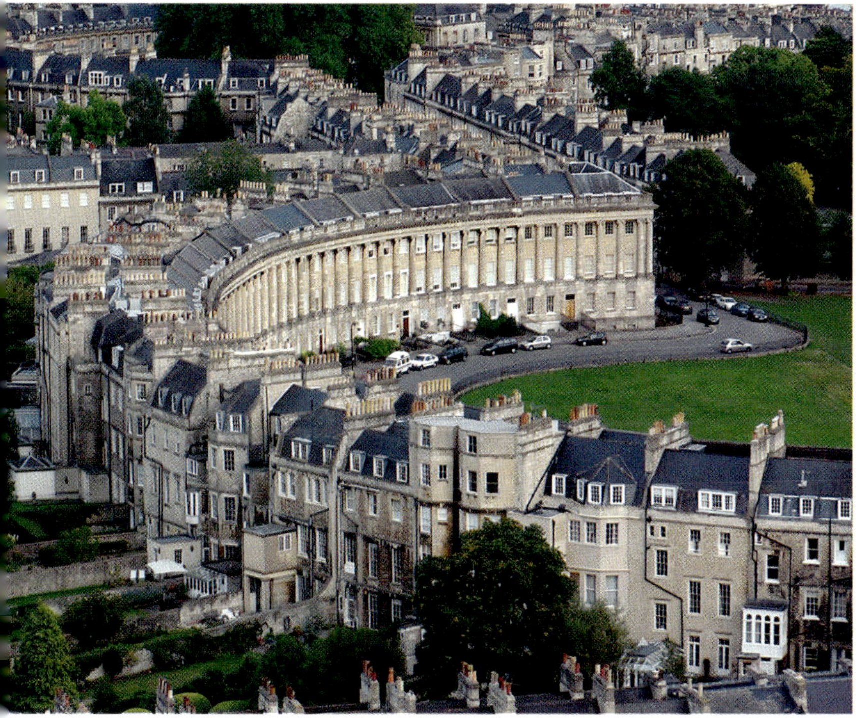

The Royal Crescent, Bath.
英国巴斯皇家新月

Thomas Stewardson, *Mrs Catherine Gordon Byron*, before 1859.
托马斯・斯托伍德森，《凯瑟琳・戈登・拜伦夫人》，1859 年前

绝对是大问题 #

世人虽爱钱，但爱命的则更多。更让追求者们望钱却步的是，因人丁凋零，为了保证戈登血脉的延续，凯瑟琳父母在族规中又加了一条，“娶他们女儿的必须冠上戈登姓氏”，否则结婚也没钱。这也是为什么凯瑟琳在坐拥金山银山的同时，依然在巴斯如此乏人问津。毕竟，出身好的富家女又不止她一个，再爱钱也不能不要命。

尽管女儿年纪越来越大，凯瑟琳的父母却依然很气定神闲，不准备改族规。他们相信，一定会有那种要钱不要命的扑上来的。果然，姜还是老的辣，他们终于等到了疯子 John。John 不仅不反感他们新添的族规，反而很爱呢。早已被逐出家门的他，迫不及待地在找落脚处。而且如果冠上了戈登姓，那代表他也将拥有戈登的爵位与财产的继承权。**# 他做梦都会笑醒好吗 #** 就这样，两位各自声名狼藉的男女，就这么共结连理了。**# 真是一个锅子一个盖 #** 婚后的日子，正如疯子 John 设想的那样，钱多得花不尽呢。凯瑟琳也是个不知节制的富家女，两人便开始了扔钞票如流水的日子。尤其在凯瑟琳父母去世后，更是肆无忌惮。

疯子 John 和凯瑟琳着实过了一段舒心日子。可惜好景不长，毕竟两人都不会经营，而钱也不是从天上白掉下来的。很快，他们就变得一贫如洗。没办法，两

John Speed, *Map of Bath*, published in 1610.

约翰·斯皮德，《巴斯地图》，印于 1610 年

人只好回到乡下去居住。而把俩脾气都不好的男女放到鸟不拉屎的地方，永远不是个好主意。生下诗人小拜伦后，两人就因天天吵架，受不了对方，彻底分居了。

可能是受不了河东吼，也可能是受不了贫穷，John 很快就丢下母子二人，偷偷跑到法国。在那儿，他又开始花天酒地，骗色骗财。但也许是戈登家族的诅咒真的有吧，没逍遥几年的他，就在 35 岁那年死于非命。有人说他是因得了性病，有人说他是因吸毒过量，而拜伦则说他是因为受不了自己的罪恶，抹脖子死的。

拜伦老爹的故事，也随着他的不得好死，就此落幕了。

马上，拜伦和他的狗血人生，将终于登场。

到底他的浪荡名声是真是假？到底他的真身是丑是恶，还是貌如花朵？

下一篇，“浪荡拜伦家族”的最终章：恕我一生放纵不羁爱自由。

To Be Continued

浪荡拜伦家族（下）

恕我一生放纵不羁爱自由

既是多愁多病身，又具倾国倾城貌，

喷珠吐玉文思才华的拜伦，
生就是一个嬉游人间的情种。

他拈花惹草，行为乖张，
尽享断袖之欢，又卧美人东床。
一生欠下情债无数，哪管世人诽谤！

乔治·戈登·拜伦：百花丛中过，没有一片不沾身。

Unknown, *Lord Byron*, circa 1804-1806.
未知作者，《拜伦勋爵》，约 1804-1806 年

Thomas Phillips, *Lord Byron in Albanian Dress*, **1813.**
托马斯·菲利普斯，《着阿尔巴尼亚服饰的拜伦勋爵》，1813 年

上一篇讲到了大诗人拜伦爹娘那些不得不说的狗血故事，而现在终于轮到了拜伦。

我们这就来八卦一下，拜伦到底做了些什么，让他被称为史上“最阴郁恶劣邪魅狂狷的诗人”。

上期我们说到乔治·戈登·拜伦，拜伦男爵六世，母亲是大贵族，苏格兰王詹姆斯一世的后裔，父亲则是一位相貌英俊、靠刷脸谋生的小贵族，简单来说，就是一位把妻子钱财败光后早死早超生的小狼狗。但不管怎样，他爹娘曾经也

都是含金汤勺出生的，在钱财没败光前，都是尝过钱的好处的。而拜伦则不一样。

拜伦可是一出生就穷得叮当响，日子清贫就差啃草皮了。活生生一少爷的身子穷逼的命。而因为没钱，他那位曾经的白富肥妈，迫不得已把他送到公共小学读书。公共小学现在看来没什么不好，但在以前，那都是什么小卖铺家的儿子、裁缝店老头的孙子这种人去的地方。**# 也就是贵族们一辈子不该去的地方 #**

但怎么说呢，屌丝也能成高富帅 。**# 当然，前提是你必须有个富贵亲戚 #** 在拜伦 10 岁那年，时来运转，老天终于眷顾了他。他那位在第一篇我们讲过的疯疯癫癫的伯祖父拜伦男爵五世，死了。因为他的继承人（儿子和孙子）都已早逝，所以律师排了一圈族谱发现，拜伦家族里下一位继承人，就是乔治・戈登・拜伦。

拜伦不是个招人喜欢的孩子。虽然继承了老爸的好相貌，生就一对桃花眼，但天生跛足让他从小就敏感多疑。外加上继承了老妈的坏脾气，时而阴郁，时而暴怒，情绪波动极为严重。他简直就是他妈说的，一个“瘸了腿的小坏蛋”。想必上过小学的都知道，这种又拽又漂亮的小孩，是不会有朋友的。

但突然间，一夜乍富贵后的他发现，身边人对他的态度都不同了。以前抢他作业的小孩，不敢过来了；总爱找他麻烦的老师，也开始和颜悦色了。大家也不再叫他小浑蛋了，而是恭恭敬敬地称他为最尊贵的阁下、拜伦男爵。可以说，对一个 10 岁小孩来说，他非常不知所措，恨不得求他们还是骂他算了。**# 土豪的烦恼你不懂 #**

先不管他适不适应，但他那曾经做大小姐的妈简直是乐疯了。那个扬眉吐

Unknown, *A coloured engraving of Lord Byron*, unknown.
未知作者，《拜伦勋爵》上色版画，年代未知

气啊，恨不得逢人就说。她立马给儿子退学，到处炫耀自己要离开苏格兰，南下去英格兰过好日子去啦。她很快就收拾好，带着儿子奔向新继承的纽斯特德庄园了。她以为等待她的是过去的富贵日子和那更加富贵的美好未来。

读过第一期拜伦家族的都知道，拜伦的伯祖父，那位拜伦五世，早在死前和儿子怄气时就把庄园毁得差不多了。连家族不可贩卖的祖产煤矿山，也非法给卖了。因此，等待母子二人的是更多的债务和已经快塌了的庄园。**# 画中的庄园是修复好以后的样子 #** 没办法，他们只能又重新在小村庄租房子住了。**# 一夜回到富贵前 #**

但钱再少，也比以前好。母子二人把能卖的卖，能出租的出租了，最后也还是小有收入。至于纽斯特德庄园，他们租给了一位有封号但没地的贵族，人称盖里男爵（Henry Edward Yelverton, 19th Baron Grey de Ruthyn）。这就像出租毛坯房一样，便宜租给房客，但希望房客能把该修理的修理，该安装的安装了，

妥妥的双赢。但他们不知道的是，这将是拉开拜伦一切狗血的序幕。

拜伦一生被传有同性恋倾向，但苦于没确切实据，所以大家也都是捕风捉影。而这位盖里男爵就是第一位。虽说盖里是租客，但房子那么大，反正也没人住，因此他时不时邀请母子二人去那里居住。而拜伦 15 岁时的夏天就是和他一起度过的，那时的盖里 23 岁。头一次在人生里有一位正常的男性，拜伦很快就与他形影不离了。

Unknown, *Newstead Abbey, Notts, England*, circa 1890-1900.
未知摄影师，英格兰诺丁汉郡纽斯特德寺旧照，约 1890-1900 年

别人以为他那么黏着盖里是弟弟看兄长那般，谁也没觉得有什么不对。但只有拜伦自己知道，在这孺慕之情中又掺杂了不少少年蠢蠢欲动的欲望。但不管怎么说，盖里是肯定没有这感觉的。总之，二人在如胶似漆一整个夏天后，突然间，拜伦就不理他了。盖里跟他说话，他不理，邀请他来，他不来。**# 见面作无视，经过当路人 #**

盖里觉得莫名其妙，以为自己哪里做错了，还写信说如果在不知道的地方得罪了他，希望他原谅，大家还可以做朋友。这下，他老妈觉得自己的儿子犯病了，心想又没犯什么杀人放火的大错，怎么就绝交了呢？**# 这么有爱又大方的土豪是应该拼死和他做朋友的好吗 #** 他妈开始逼着拜伦去见盖里，可不管她怎么说，拜伦就是不见，还声称一辈子都不要再见到他了！**# 唉，傲娇的骚年心你伤不起 #**

不过很快，拜伦又找到新目标了，他那些在哈罗公学（Harrow School）的

Harrow Crest.
哈罗公学校徽

Unknown, *Harrow School in 1615, engraving*, 17th century.
未知作者，哈罗公学在 1615 年，版画，17 世纪

朋友。最近因为某西瓜公子的原因，没人不知道哈罗公学。创于 16 世纪的它，以培养教育贵族子弟为荣。那里不是你想进就可以随便进的。贵族子弟刚生下来，就自动收录在名单中了。**# 变相知道了那个英国人到底为了谷夫人出了多大力了吧 ## 都是因为爱情 #**

我一直觉得对一个（早期）一直反对同性恋的国家来说，把一群正值青春期的男生放在一起，是一个特奇怪的决定。当然，也许他们想的是，至少是男男，怎么玩也不会玩出孩子来？无论如何，对拜伦来说，他果然在那里找到了几个“志同道合”的朋友。不过，他真正的高潮则是在上了剑桥以后。那里，他顺手救了一个 15 岁的美貌小男生。

这个美貌小男生是合唱队里的，据拜伦描述，“声音极其美妙，引诱得我不行”。两人开始形影不离，一起读书写字，游泳骑马，还约定好，等小男生长大，两人就住在一起。可惜，没过多久，男孩就得肺结核死了。事后，拜伦一直说他们的爱是“纯洁”的。至于这是不是欲盖弥彰，我就让你决定好了。

人死了，拜伦也没办法。毕竟那小男生还没美到让他殉情的地步。毕业后的他，开始转战女人堆。他不仅遗传了亲爹的帅脸，还非常注意身材，吃得很少不说，还是个运动狂。据他自称，是因为不想变成他妈那样肥。总之，这样一个年轻俊俏、时而忧郁、时而狂热、身有残疾，但又不妨碍他那张帅脸的男人，对女人来说，简直秒杀老幼。**# 又能引起母爱，又能引起崇拜 ## 少女师奶一把抓 #**

事实证明，有其父必有其子，拜伦比他爸还能勾搭人。因时间有限，我们就挑几段著名的说。其中最著名的一段就是他与莱博子爵的夫人卡罗兰（Lady Caroline Lamb）的一段情。当时卡罗兰早已成婚，老公特爱她不说，还是非常有前景的年轻政治家。她年轻貌美，丈夫有才又俊帅，可以说，老天对她已经够好的了。可惜啊，人心不足蛇吞象，她不知足啊。

刚开始她对拜伦的求爱，一副冷冰冰的样子，并说他“又疯又坏又危险”。可能男人都是越挫越勇，拜伦并没有被她的冷言冷语吓退，反而开始疯狂地写情书说情话，见面就抛媚眼。总之就是一副非要睡到她的劲头。果然，努力总会有回报，像其他女人一样，卡罗兰最后也没抵抗住拜伦的连番轰炸，和他好上了。但男人嘛，总是得到就不珍惜。**# 这是 DNA，没办法 #**

没多久，拜伦就烦她了，要分手。贵族嘛，这种风流韵事，大家都知道，

George Romney, *Portrait of Elizabeth Lamb, Viscountess Melbourne*, 18th Century.
乔治·罗姆尼，《墨尔本子爵夫人伊丽莎白·莱博画像》，18 世纪

一般只要不过分，就都睁一只眼闭一只眼。什么是不过分？就是双方要好聚好散，至少在台面上要让大家过得去。没承想的是，卡罗兰还动真情了。开始天天倒追起拜伦，制造各种“偶遇”。在拜伦明确地说不想再继续两人之间的关系时，卡罗兰居然开始变装跟踪拜伦。变身的角色那叫一个五花八门。最夸张的是，她还弄来一套男仆的服装，装成拜伦家仆的样子，跑到拜伦家伏击拜伦，差点没把拜伦给吓出心脏病来！ **# 一抬头看见是疯狂前女友在服侍自己，换谁估摸着也得吓死 #** 拜伦开始给卡罗兰的婆婆写信，说快要被她儿媳妇给弄疯了，叫她赶紧管一管儿媳。而不像卡罗兰，她这位婆婆可是个狠角色。

卡罗兰婆婆伊丽莎白·莱博（Elizabeth Lamb, Viscountess Melbourne），那可是响当当的人物。和她丈夫二人是当时英国政坛上非常有影响力的一对夫妻。英国王太子也是她的好友。养出来的孩子，也一个赛一个出息。她尤其看好她二儿子威廉（William Lamb, 2nd Viscount Melbourne），而他也不负众望，最后成了英国两任君主的总理。二儿子在她心里可以算是完美的，除了一点，他儿子娶了个傻媳妇。她看卡罗兰不顺眼已经很久了，卡罗兰不仅是死敌之女，还是个没脑子的女人。但儿子和她青梅竹马，非要娶她，她也同意了。但果不其

Sir Thomas Lawrence, *Lady Caroline Lamb*, circa 1805.
托马斯·劳伦斯爵士，《贵女卡罗兰·莱博》，约 1805 年

然，卡罗兰是个蠢货，连搞个外遇都弄得满城风雨。不像她儿媳妇，最后因与拜伦的丑闻被上流社会驱逐，伊丽莎白虽也经常艳遇缠身，但从没有一人说过她名声不好。相反，那些她睡过的人，就算分手后，也依然把她当成知心好友。

 # 真是买卖不在仁义在啊 ## 这是个懂底线的厉害女人 #

她到底有多厉害呢？她接到拜伦的信后，就赶紧告诉儿子把卡罗兰带出国，省得给她丢人现眼。紧接着，她回复了一封情深义重的信给拜伦，推心置腹了一番，在这一来一去的信件回复中，居然让两人成了知心好姐妹。在往后的人生中，拜伦有什么事都会写信询问她的意见，而她也间接影响着拜伦的思想，一直到死。

后来，拜伦还有过好几段狗血的情事，与多位上流社会的风云人物有过瓜葛。如比他大 14 岁的牛津伯爵夫人（Jane Harley, Countess of Oxford），一位以多艳遇而出名的美人。还有拜伦的姐姐奥古斯塔·李（Augusta Leigh），他父亲与

拜伦贵圈关系图
Elizabeth Lamb
《墨尔本子爵夫人伊丽莎白·莱博》
Anne Isabella, Lady Byron
《拜伦夫人安妮·伊莎贝拉》
Countess of Bessborough
《亨丽埃塔·弗朗西斯·庞森比（娘家姓，斯宾塞）贝斯伯勒伯爵夫人》
Lady Caroline Lamb
《贵女卡罗兰·莱博》
Jane Elizabeth, Countess of Oxford
《牛津伯爵夫人，简·伊丽莎白》
Claire Clairmont
《克莱尔·克莱尔蒙特》
姑侄
死敌
母女
互相厌恶
婆媳
暧昧
挚友
情人
闺密
情人

母女
George Gordon Byron
《着阿尔巴尼亚服饰的拜伦勋爵》
父女
Ada King (née Byron)
《洛夫莱斯伯爵夫人，埃达·金（娘家姓，拜伦）》
姑侄
姐弟（同父异母）
情人 + 知己
Augusta Leigh
《奥古斯塔·李》
暧昧 好友
好友 暧昧
夫妻
Percy Bysshe Shelley
《珀西·比希·雪莱》
Mary Shelley
《玛丽·雪莱》
继姐妹

Richard Rothwell, *Mary Shelley*, 1840.
理查德·罗斯韦尔，《玛丽·雪莱》，1840 年

第一任妻子生的孩子。据说，拜伦对这位同父异母的姐姐一直很好，两人经常通信，他所有的事情都会与她说。说二人心意相通，绝不为过。然后就像所有八点档写的那样，二人有了乱伦之情，而姐姐还为他产下了一女。为什么说这个孩子是他的呢？因为他在看过孩子后，给伊丽莎白·莱博夫人的信中写道，“谢天谢地她很正常，并没有像大猩猩”……那时的人认为，乱伦生下来的孩子会长得像大猩猩。**# 很萌吧 #**

但再浪荡的男人，也得娶媳妇，尤其像拜伦这种钱快花光的。原来，在与卡罗兰勾搭时，拜伦也没闲着，同时相好了老婆——伊丽莎白·莱博的侄女，也是卡罗兰的内表妹安妮（Anne Isabella Byron）。**# 这就是效率 #** 这位女继承人富得流油不说，还没有任何兄弟姐妹来分财产。但他没想到的是，安妮会有这么难追。原来，安妮聪明着呢，她不仅仅是一位贵族小姐，还是一位数学家。

相传，安妮天生就智商高，文能写诗，武能算数。总之，拜伦追了这位女神好久好久，就在以为快成功时，向她求了婚。没想到的是，她二话没说，走了。三天后安妮交给了他一篇论文，里边写着拜伦的性格和心理分析，说这是她在观察他这么久后的结论，并拒绝了他的求婚。这可把拜伦气得倒仰，敢情这么久人家在把自己当实验了！

但拜伦就是韦小宝一样的人物，说好要娶你，就死了也要娶到你。总之，两人就这样又你追我跑地玩了两年，终于等到了安妮点头，两人成婚了。但狗改不了吃屎，拜伦又犯病了。刚开始时，两人还蜜里调油一般，但没过多久，拜伦的情绪又波动了起来，有时一整天阴着脸，有时因为一点小事就大吼大叫。反正，他是看这位当时心心念念娶回家的老婆各种不顺眼。总之就是没事儿找事儿。**# 作死的病 #**

在安妮离开他后，拜伦又开始故伎重施，到处乱勾搭人。而没了老婆经济支持的他，又欠了一屁股债。更可怕的是，上流社会开始传他其实是个基佬，并且犯过鸡奸罪。为了逃避断头台和债务，他开始频繁地往国外跑。**# 那时的鸡奸罪是死刑，而且是吊死你后还要挂几天示众的那种 ## 最可怕的死法，就是死得丢人 #**

在逃亡中，他迎来了最后一段知名的艳遇，诗人雪莱（Percy Bysshe Shelley）的小姨子克莱尔·克莱尔蒙特（Claire Clairmont）。这位当时才 18 岁的小姑娘对拜伦崇拜得不得了。拜伦已经跟她说了，自己不可能爱她，更不可能和她在一起，叫她赶紧滚。但就像现在的追星族，她就是拜伦的狂热粉丝，打是打不走的。那劲头，恨不得二十四小时送 _ 上门。**# 请自行填空 #**

但两人最后还是上床了。正如拜伦在信中写到的一样："我能怎么办？一

Margaret Sarah Carpenter, *Ada King (née Byron), Countess of Lovelace*, 1836.
玛格丽特·萨拉·卡朋特，《洛夫莱斯伯爵夫人，埃达·金（拜伦）》，1836年

个 18 岁的嫩姑娘天天跑来送上门，我又不是柳下惠，谁能拒绝一个跑了八百里路来和我上床的姑娘啊？！”**# 温馨小提示：上床和爱没关系，男人们从来都是来者不拒 #** 总之两人滚床单了，还不止一次。很快，克莱尔就把拜伦介绍给了自己的姐姐和姐夫——诗人雪莱。

相传，拜伦不仅对克莱尔的姐姐有意思，还看上了雪莱。但因为没有具体的证据，我也就不多说了。总之这四人在一起互相启发了不少，玛丽·雪莱（Mary Shelley）就是在这时形成《科学怪人》的初稿的。后来，辗转流离，大家又都

分开了。雪莱死了，而拜伦则跑去希腊参加抵抗奥斯曼人的战争，最后死在了那里。享年仅 36 岁。

可能是戈登家族的诅咒，也可能是天妒英才，也或者这是老天对他浪荡一生的惩罚，但 36 岁的确是个年轻的岁数。

他这一生，声名狼藉，但才华横溢；阴郁易怒，但对朋友忠心；他对女人薄情，却愿意为他人的自由而热血奋战。

尽管有那么多人都剖析过他，我依然觉得他是个谜。当然，也是个传奇。

他的一生，正如他一句诗中所云：“In which there was Obscurity and Fame—The Glory and the Nothing of a Name.”

 # 名字虽逝，荣耀长存 #

The End

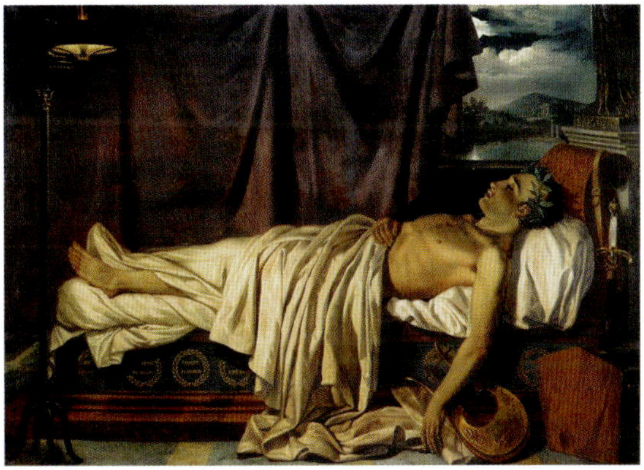

Joseph Denis Odevaere, *Lord Byron on his Death-bed*, circa 1826.
约瑟夫·丹尼斯·奥德维尔，《拜伦勋爵遗容》，约 **1826** 年

Lucas Cranach the Elder, *Samson and Delilah*, circa 1528–1530.
老卢卡斯·克拉纳赫，《参孙和蒂莉拉》，约 1528-1530 年

参孙和蒂莉拉

千金财买美人心 温柔乡成英雄冢

不是每位力拔山兮气盖世的英雄都能抱得一个虞姬，

也不是每段美人计的初衷，总要为家为国为范蠡。

妾爱金钗君爱笑，

多情却被无情恼。

请看这篇：美人贪财，英雄好色。

这一篇八卦的是《圣经·旧约》中的一段往事，有点虐心，有点伤感，甚至有些绝情。但不妨碍它是个好故事。好啦，闲话休提，我们这就开始。故事叫《参孙和蒂莉拉》。

参孙（Samson）到底是谁呢？莎翁曾说过，有些人“生就伟大”。参孙就属于这类人。在出生前，上帝化身天使来到他父母家，直截了当地说，要给他们一个孩子。“这孩子是个伟人，生来就要为上帝服务。只要今生不剪头发，就会一直为上帝服务。哦不，就会一直伟大。” **# 从来不废话的上帝 #**

夫妇俩当场被这块伟大的馅饼砸晕了，可天下没白吃的午餐。养着养着就发现，这孩子脾气实在是不太好。更可怕的是，上帝赐予他的是无尽神力。他可以徒手撕碎一头狮子，也可以用一块驴腮骨打一千人。右图就是他拿驴腮骨唰唰唰横扫一千人后的光辉时刻。**# 只要跟对人，驴腮骨也能上兵器谱 #**

参孙自打生下来，就打遍天下无敌手。这所向披靡的人生也养成了他刚愎自负的性格。外加他脾气本来就暴躁，可以说，他就是不定时的炸弹。其实说白了，参孙就是上帝放到世上来的一块驴腮骨。他主要做的事，就是惩罚菲力士人。**# 他就是菲力士人眼中的柯南，走到哪，菲力士人就死到哪 #**

很快菲力士人也感觉到参孙为什么来这个世界了。被人打了，自然会反击。菲力士人决定要齐心合力干掉参孙。合计来合计去，好像谁也不想做头一个带队打参孙的人。谁都不傻，谁去谁倒霉。好在，他们很快就想到了一招千古不变百发百中的招数：美人计。**# 此招数很对参孙这个色鬼的路子 #**

在一个叫宿芮克（Sorek）的地方，有位绝世美女。更妙的是，是位爱银钱的绝世美女。菲力士头领们便跑到美人家，动之以情，晓之以理，让她为了菲力士人的幸福，去刺探参孙神力的秘密。尽管这些领主说得感天动地，这位美人依然不为所动，说她只问银钱，不问道理。**# 不是所有美女都有西施的情操的 #**

领主们没辙，终于答应给她“1100 个银币”。她也爽快，保证不负这些银钱。在打打杀杀间，时间飞逝。参孙终于来到了宿芮克小河谷这个命定的地方。河边，他碰到了一位绝色女子，名唤蒂莉拉（Delilah）。参孙当场就走不动道了。心想，自己如此英雄，必须要有如此美人相配才能成就一段英雄美人的佳话啊。

他看这女子，越看越美，越看越配。并觉得这女子对他也有意。她向他招手，他便头都不回地过去了。两人一来二去，这般如此，如此这般地便好上了。但

Guido Reni, *The Triumph of Samson*, circa 1611-1612.
圭多·雷尼，《参孙的胜利》，约 1611-1612 年

Peter Paul Rubens, *Samson and Delilah*, circa 1609.
彼得·保罗·鲁本斯，《参孙和蒂莉拉》，约 1609 年

Master E. S., *Delialah Cuts Samson's Hair*, circa 1460.
E. S. 版画大师，《蒂莉拉剪下参孙的头发》，约 1460 年

可以说，参孙完全被自己的YY给控制住了。看到美人儿后，国也忘了，家也忘了，老婆更不知道被丢到哪个山沟里去了。他觉得自己找到了真爱。

蒂莉拉对参孙也是百般温柔，万般柔情，男人想不被迷住也难。这么着，参孙算是彻底陷进去了。**# 美人乡，英雄冢。从来如此 #** 也是因参孙没生在中国。要是他读过《西游记》，没准就被天天念叨“红粉骷髅”什么的唐僧给点化了呢，可惜没有如果。他虽陷进去了，美人可没昏头。**# 买卖终归是买卖 #**

Alexandre Cabanel, *Samson and Delilah*, 1878.
亚历山大·卡巴内尔，《参孙和蒂莉拉》，**1878** 年

这边厢，参孙忙着献殷勤，那边厢，蒂莉拉则忙着探秘密。她问了他三次，参孙都没告诉她。不过要是因为区区三次就退却的话，她也就不值那 1100 个银币了。蒂莉拉继续温柔小意地伺候他。她明白，耐心才是王道。终于，在床笫的各种翻云覆雨排山倒海你爱我我爱你之间，她问了出来。**#4th time is the charm#**

参孙说，只要剪掉头发，他便会失去神力。说完后，参孙就睡死了过去 **# 至于为什么睡死，我就不多说了……你懂的 #** 蒂莉拉的耐心也快给磨尽了。当机立断，不等明天，马上便叫佣人拿来了剪刀，唰唰两剪子，剪掉了他的头发。而门外那些日夜守候听他们“啪啪啪”快抓狂的士兵看蒂莉拉得手后，见机行事，立马围了上来。拿绳子的拿绳子，套手铐的套手铐。而参孙这倒霉蛋却还做着温柔梦呢。菲力士人趁他还未醒来，唰唰两下，把他眼睛也给刺瞎了。剧痛中，参孙终于明白了怎么回事。但没了头发的他，已被上帝遗弃，根本打不过这些人。像只困兽一样，他被绑走了。

Rembrandt, *The Blinding of Samson*, 1634-1636.
伦勃朗，《刺瞎参孙》，1634-1636 年

俗话说得好，龙游浅滩遭虾戏，没了毛的凤凰不如鸡。自古英雄落难就鲜有好下场。参孙被抓到了加萨（Gaza）。在那里，他受尽了侮辱和折磨。被关进监狱的他，每天都得去公共场合推磨，像只猴子一样让菲力士人观赏和嘲笑。为了进一步折辱他，菲力士人决定在大神大衮（Dagon）献祭的日子里把他牵出来供人唾骂。

也就是在献祭这一天，参孙知道机会终于来了。被拉到神殿殿柱间的那一刻，他挣脱开枷锁，并向上帝祈祷。祷告很长，说个大概意思：“看在你我曾合为一体力大无比的份儿上，再让神力恢复一次吧，我弄死这群贱人后就去见你。势必和他们同归于尽！”**# 谁又能忍心拒绝一个英雄的最后请求？ #**

于是如同吃了菠菜的大力水手，参孙终于恢复了神力。他一手抱住一个殿柱，使劲一扯，柱子就像豆腐块儿似的碎了。神殿开始倒塌，人们四处逃散，但最

Anthony Van Dyck, *Samson and Delilah*, 1628-1630.

安东尼·凡·戴克，《参孙和蒂莉拉》，**1628-1630** 年

Carl Heinrich Bloch, *Samson and the Philistines*, 1863.
卡尔・海因里希・布洛赫，《参孙与菲力士人》，1863 年

终谁也没能跑出去。参孙和殿内献祭的菲力士王与平民们一起被埋在废墟里。后来人们说，他走时杀掉的人比他来时杀的还要多。

再后来，参孙的家人找到了他的尸体，把他葬在了宿芮克的小河谷边。生前的他，日日夜夜地悔，月月年年地恨。悔自己的愚蠢，更恨蒂莉拉的背叛。但最后，他还是回到了这个让他得到一切复又失去一切的山谷，并永远葬在了那里。恨也好，爱也罢。他还是回到了她身边。**# 英雄冢终葬在了美人乡 #**

Unknown painter, probably Genoese School, *The Death of Samson*, circa 1650.
未知作者，或为热内亚学院派，《参孙之死》，约 **1650** 年

Lucas Cranach the Younger, *Samson and Delilah*, circa 1537.
小卢卡斯·克拉纳赫，《参孙和蒂莉拉》，约 **1537** 年

你问蒂莉拉呢?

她，日子依然地过着。

笑着，忘着，美着，老着。

也许她也曾记起那个深爱过她的英雄。

但，不缺爱慕者的她，想来记起也不过会笑笑地说:

“哎，他真是个傻瓜。”

The End

罗得与他的女儿们

天神因怒烧罪城　圣人奉旨淫骨肉

一座希伯来圣经中著名的罪恶之城，索多玛。

一段贞洁圣人被迫步向乱伦的古老传说。

天神因怒烧罪城，

圣人奉旨淫骨肉。

西方绘画史上必读的一个典故，

罗得与他的女儿们。

Lucas Cranach the Elder, *Lot and his Daughters*, 1528.

老卢卡斯·克拉纳赫，《罗得和他的女儿们》，1528年

在本书《包西斯和费莱蒙》一篇中，提到了“莫回头”的规矩。这让我又想起一则“莫回头”的故事，不过这次的来源是《创世纪》，并且不同于《包西斯和费莱蒙》的小清新，这一篇八卦十分狗血香艳，父女相奸，剧情很是有

Artemisia Gentileschi, *Lot and his Daughters*, circa 1636-1638.
阿特米西亚·简提列斯基，《罗得和他的女儿们》，约 **1636-1638** 年

些荒淫不堪。**# 善意提醒：未满十八勿入 #**

话说，这乱伦一事早早便有。可以说，天地有多老，它就有多老。放眼望去，昔日帝国如罗马埃及等便常有此事。所以，这一段，只是沧海一粟，还求满了 18 岁的诸位圣母莫喷。这次的主人公是来自索多玛（Sodom）的罗得（Lot）与他的两个姑娘。不过，事情还得从索多玛这个好男色的地方说起。

《希伯来圣经》里记载过一个叫索多玛的地方。那是一个酒池肉林，堕落无比，天天都有淫乱群交大 party 的城市。那里的人，夜夜笙歌，时时缠绵，总而言之，只有你没想到的，没有他们没做过的。但每个淫乱 party 都有一个道德高尚满脸圣洁爱扫人兴致的家伙，俗称高冷的“卫道士”。

Jan Massys, *Lot and his Daughters*, 1565.
让·马西斯，《罗得和他的女儿们》，1565 年

是的，这位“卫道士”就是主人公罗得。他看自己，那简直就是乱世里的一朵白莲花啊。只要看到有人行为荒唐，他就在那大摇其头，絮絮叨叨，他就是搞得所有人都没兴致的那种唐僧。不过，索多玛城里的居民也懒得理他，心想天要下雨，娘要嫁人，随他去吧。**# 什么都阻止不了索多玛人的“性致”#**

这么生冷不忌、男女通吃的地方势必会惹上帝不快。**# 对每个禁欲主义者来说，看别人行鱼水之欢都是一件打脸的事 #** 当然，作为上帝，他必须给所有人一个改过自新的机会，这其中也包括看不顺眼的人。他决定派两个天使下凡，考察一下。他声称，如果那个地方还有十个正直的人，那么他就不毁掉它。

两位天使刚到索多玛，就被罗得认出。他马上跑过来大献殷勤，说一定请二位赏光，下榻他家。可惜，不止他一人看出这二位来者不俗。索多玛城的诸位也看出来了。他们猛然看到两个玉树临风的美少年，顿时节操碎一地，口水

Heinrich Aldegrever, *Lot defends two Angels*, 1555.
海因里希·奥蒂桂翁，《罗得抵抗两名欲向天使施暴的男子》，1555 年

François-Rolland Elluin, *Sodomites provoking the wrath of God*, from Le Pot pourri de Loth (the Potpourri of Lot), 1781.
弗朗索瓦·罗兰·艾罗恩，《索多玛人激起了上帝的愤怒》，取自《罗得集锦》，1781 年

直流。心想，果然外来的美男，都有别样风流。一群色鬼，果断尾随罗得回家。

索多玛人好男色也是一件众所周知的事。可知英文的鸡奸（Sodomy）一词从何而来吗？就是从这座城市的名字 Sodom 演变而来的。果然，天使们刚到罗得家，一群人就乌泱泱聚集到了罗得家门口。俩天使屁股还没坐热呢，就听到“咚咚咚”的敲门声。素知他们断袖分桃习性的罗得，心里立马咯噔了一下。

罗得走到窗前一看，满城男女老少都来了，一个个眼冒绿光，那架势差点把他给吓 cry。他们倒也不含糊，一上来就直奔主题，问罗得把两个美男子藏哪去了。叫他赶紧带出来，让大家们都“认识认识”。罗得在索多玛待这么久了，还能不明白“认识”两字的意思吗。连忙挥手，求还是别“认识”了。

为了避免天使遭鸡奸，罗得非常有贡献精神地跟门外人说，原意把自己两个未经人事的黄花大闺女献给他们。可惜，门外众人没什么兴趣。关于美女没市场这件事，我曾有个朋友说过一句话：“不就是个女人吗，谁还没见过。”我觉得，

这也是当时索多玛人的心理。

对于一群饥渴难耐的色中饿鬼来说，罗得啰唆的样子实在让人恼火。他们撂下狠话，如果再不开门，一会儿连他一块儿给办了！说着一群人就开始撞门。俩天使终于听不下去了，心想，这群想吃天使肉的癞蛤蟆，简直是罪不可恕！是异端！是邪教！还找什么十个正直的人？烧死！统统都得烧死！

俩天使揪着罗得说，他们要下天火，烧了这座罪恶之城。他们叫罗得别费口舌，卷上铺盖赶紧带上老婆孩子走人。唯一的要求就是，逃走时，必须一路向前，不能回头。**# 莫回头啊莫回头 #** 我知道你们一定在想，既然老婆也是一起逃的，怎么能轮到父女乱伦呢？哎，你们 too simple，too naive 啊。

就跟都约好了似的，每个故事都需要一个愚蠢的炮灰才能继续下去。所以，不出所料，罗得的老婆没忍住，回头了。然后，就不幸且恰当地变成了盐柱。**# 然后，就没了然后 #** 因此，顺理成章地，罗得就只能跟两个貌美的女儿一起

Peter Paul Rubens, *Lot and his Family Leaving Sodom*, 1625.
彼得·保罗·鲁本斯，《罗得与家人逃离索多玛》，1625 年

Gustave Doré, *Flight of Lot from Sodom*,
Engraving for the 1866 edition of Bible.
古斯塔夫·多雷，《罗得逃离索多玛》，
为 1866 年版圣经所作

逃难了。这仨人跑着跑着就跑到了荒无人烟的山顶上。他们终于歇了下来。

不知道大家有没有被问过这个问题，如果世界毁灭了，只剩下你和一个美女/猛男，你们会怎么办？多数人反馈，这个问题弱爆了。都只剩下一公一母了，除了交配，还能怎么办？当然，这一切都是为了繁殖后代拯救全人类，毫无私情！**#身负重任的苦你们都不懂##大公无私#**

毕竟世界都在他们身后毁灭了，孤男寡女们难免动起了那些心思。大女儿对小女儿叽咕了起来，大致内容如下：世上一个男人都没有，为了人类的未来，我们得趁着老爹还动得了的时候，得到他的种子，以免人类毁灭！小女儿连忙点头说，对对对，一切都是为了全人类！**#这真是一项壮举……#**

Simon Vouet, *Lot and his Daughters*, **1633.**
西蒙·乌埃，《罗得和他的女儿们》，1633 年

Lucas van Leyden, *Lot and his Daughters*, circa 1520.
卢卡斯·范·莱顿，《罗得和他的女儿们》，约 **1520** 年

Johann Georg Trautmann, *Flight of Lot from Sodom*, 18th Century.
约翰·格奥尔格·特劳特曼，《罗得逃离索多玛》，18 世纪

拯救全人类的步骤如下：灌醉他，推倒他。有人说，经典的招数，永远是最好的招数。**# 没有创意的人生依然精彩 #** 计划进行得很顺利。据说第一夜，他被灌醉后，大女儿和他大行乱伦之事，他醒后没发觉。第二夜，他被灌醉后，换二女儿与他巫山云雨，他醒后依然没发觉。然后，他就一直这么“没发觉”了下去。

当然，罗得的话，不管你我信不信，历史上的各种艺术家是不信的。尽管这段父女乱伦的情节写得极其贫乏，但这并不阻碍艺术家们用想象力把它脑补成一幅幅香艳无比的佳作。**# 我今日方信，信仰果然是艺术的源泉 ## 诸位看官，祝春梦无边 #**

The End

亚当前妻莉莉丝

睡遍人间妖魔　计逐小三前夫

人类历史上第一桩离婚案，竟是为了床上姿势？

亚当那无脑的妻子夏娃，却是上帝安插的失足小三？

这种种跌破眼镜的传说，全都与一个女人有关。

魔女莉莉丝，

她敢作敢为，风风火火。

她我行我素，不受任何人摆布。

有的女人是男人遗失的肋骨，

有的女人却可以敲断男人的肋骨。

莉莉丝：史上最强悍的前妻故事。

Dante Gabriel Rossetti, *Lady Lilith*, 1866-1868 (altered 1872-1873).
丹蒂·加布里埃尔·罗塞蒂，《莉莉丝》，原作于 1866-1868，修改于 1872-1873 年

这篇八卦的主人公，是一位来自远古时代、特立独行到屌炸天的女子。这位女神和她老公为了在行房时谁在上谁在下吵得不可开交，最后居然闹到了上帝那里，对簿天堂。从维护自身权利这方面看，她可以算是第一位女性主义者了。

 # 这篇八卦献给 Feminist 们 #

相信有的同学已经猜出来了，这篇八卦的女主角便是后世人称为魔女的莉莉丝（Lilith）。但莉莉丝可不是天生就入魔道的。众所周知，在西洋诸教中，亚当（Adam）被认为是上帝造出来的第一个男人。但不为人知的是，夏娃（Eve）却不是第一个被创造出来的女人。在夏娃之前，亚当曾有过一位原配，也就是

John Collier, *Lilith*, 1892.
约翰 · 柯里尔，《莉莉丝》，1892 年

Albrecht Dürer，*Adam and Eve*，1507.
阿尔布雷希特 · 丢勒，《亚当与夏娃》，1507 年

莉莉丝。**# 夏娃，史上第一位小三 #**

原来，这莉莉丝才是上帝创作的第一位女人。上帝本也是一番好意，让这二位在漫漫人生路上结伴同行。谁知亚当和莉莉丝乃是那没有前世的冤家——这辈子死磕。因莉莉丝也是上帝用泥土所造，所以与亚当可以平起平坐。亚当吃肉，她吃肉，亚当喝汤，她吃饭。总之就是，二人在家里各管半壁江山，谁也不让谁。

可两口子过日子总是这么针尖对麦芒儿，斗得跟乌眼鸡似的，自然是过得不舒坦。俗话说得好，夫妻夫妻，不是东风压倒西风，便是西风压倒东风。很明显，经常掐架的亚当和莉莉丝深谙此中道理。终于，那压死骆驼的最后一根稻草出现了。这天因为床事，两人又掐了起来。

这天，两人本想好好温存一番，促进促进感情。但没承想，刚上床没多久就又闹翻了。亚当非要用传教士姿势，**# 不知道是什么的请自行搜索，谢谢 #** 可莉莉丝死活不同意。

亚当道，世道本就该是男上女下；莉莉丝说，我与你同出一脉，凭什么你尊我卑？！

最后两人吵不出个结果，终于撕破了脸，大打出手。

可亚当没想到的是，这莉莉丝不仅吵架很凶，连打架都很彪悍。没打几个回合，便把亚当给打蔫了，立马跪地求饶。**# 哎……早跪不就完了吗，请都为亚当点一支蜡烛 #**

Richard Westall, R. A., *Faust and Lilith*, circa 1831.

理查德·韦斯托尔，《浮士德与莉莉丝》，约 1831 年

图非亚当与莉莉丝，此图描绘的是莉莉丝与浮士德。但其中二人的张力很适合这一段，所以，便用了。**# 原谅我上天入地都找不到图的苦 #**

打完后，她大小姐居然拍拍屁股就走人了，开始游荡世间，到处风流潇洒，好不快乐。

 # 善意提醒：莉莉丝的套路只限于能打得过老公的姑娘，常人勿 try#

莉莉丝倒是打了个痛快，然后瞬间念咒移位到红海去了。

可这亚当却没那么幸运。

原来啊，他抱着一身的伤，哭哭啼啼跑上帝那告状去了。

但上帝又能说什么呢？有道是，宁拆十座庙，不毁一桩婚。秉着劝和不劝离的态度，上帝安抚了亚当一下，并保证等莉莉丝回来惩罚她。随后，他就叫天使传信，把莉莉丝给带回来。

天使找到莉莉丝所在地，传达完上帝的旨意，便要押解莉莉丝回去。可莉莉丝是个硬骨头，居然和天使又打了起来，边打还边大骂上帝偏心，搞得路边的牛鬼蛇神都蹲那围观。**# 真真是一场好戏啊 #** 这下上帝是真恼了。他便从天上大吼道：“她愿意回来最好！否则，以后她就等着每天看她 100 个子孙后代灭亡吧！”**# 上帝：专注偏心眼儿不知多少年 #**

你问这莉莉丝哪里来这么多孩子？

原来莉莉丝在游玩的途中与一位大天使看对眼了。

这也是位彪悍的大天使，主管毁灭性任务，人称死亡天使萨麦尔（Samael）。

萨麦尔与莉莉丝有些彪悍看彪悍，英雄惜英雄的感觉。

萨麦尔与《新约》中的撒旦（*Satan*）形象有重叠，但与撒旦不同，萨麦尔没有叛变。

Evelyn De Morgan, *The Angel of Death*, 1881.
伊芙琳·德·摩根，《死亡天使》，1881 年

这看对眼后，两人就很不含糊地好上了。✣ **# 彪悍果然只能与彪悍成对成双 #**

✣ 在犹太和中世纪传说中，天使们最初是有性别的，言外之意，他们也有小鸡鸡。

这位天使呢，也不是个省油的灯。他经常爱引游人行恶不说，还老不听上帝的指挥，很让上帝头疼。但萨麦尔在打仗的时候可以以一当百，上帝还是很需要他，所以也就常对他这些事儿睁一只眼闭一只眼。**# 对有能力的人来说，规矩永远是粪土 #**

上帝一般对萨麦尔很宽容，但这次他动怒了。没想到萨麦尔居然和莉莉丝私通，还生下了孩子。为了惩罚萨麦尔，上帝把他给阉了，让这昔日英雄一刀变公公。

这下， 两边算是杠上了。然后，在那没有牌坊和列女传的年代，萨麦尔和莉莉丝一合计，决定怎么也不能让上帝占了便宜！为了替姘头报仇，莉莉丝准

备和各路魔鬼妖兽不停交欢。完后以每日几百个的速度产下她的后代，让天使们杀都杀不完。**# 碰到一个肯这么为你报阉割之恨的女子就娶了吧 #**

就这样，莉莉丝一边生，天使们一边杀，两边大战了好几个回合。可谁也受不了这么没完没了的折腾，这一望无边的婴儿们，简直成了天使们的噩梦。

天使们开始联合抗议：罢工。解约。炸地球！ **# 天使们也是有人权的好吗 #**

而同一时间，亚当看到这种情况，也心里怕怕的。他心想，这么彪悍的女人，实在是接不住啊，到时候带回家来天天跟他打，他那小身板儿可受不了！

于是，他便开始天天跟上帝啰嗦，闹着要换个老婆。

这两边一施压，上帝也坐不住了。

明明是这两口子闹出来的事儿，现在搞得好像自己两边逼良为娼似的。上帝的鼻子差点让这几个人给气歪了！ **# 做上帝也真是个艰难的事 #**

思来想去，上帝决定放弃莉莉丝，然后重塑一个女人给亚当。

不过这次他学乖了，不再用泥土造女人，反而折了亚当的一块肋骨下来，也就是后来的夏娃。这样一来，夏娃是亚当的一部分，自然也就低他一级。**# 从根本上解决了谁是老大这个问题 #**

最后大家签订了协议：莉莉丝将被永远放逐，不得再回伊甸园，不得再现世白昼，也不能为了报复，杀害亚当与夏娃的后代。

作为交换，上帝也将放过莉莉丝的子孙后代。

莉莉丝同意了，也走了。

亚当则抱着他的新媳妇儿，爱用什么姿势就用什么姿势。

但日子不可能永远就这么平静下去。

在唯一与她匹配的男人被上帝阉割后，莉莉丝怎可能让亚当继续跟没事人一样，逍遥在伊甸园呢?

所以为了给情郎复仇，她又潜回了伊甸园。化身为蛇，盘踞在知识树上。

莉莉丝等呀等，终于有一天，她等到了那对狗男女。

她用美妙的声音开始引诱夏娃，并诱惑她说，吃了这果子，便能拥有无上的知识，堪比上帝，从此便再也不用听他的摆布。

对已经有了一切的人来说，这世上还有什么比自由更诱人呢?

果然，夏娃被引诱了，还摘了一颗递给了亚当。

莉莉丝看这二人已吞下禁果，便扭身遁走。

没多久，她便在世间听到亚当与夏娃被暴怒的上帝逐出伊甸园的事。

 # 莉莉丝：正室们的逆袭 #

大仇得报的莉莉丝，从此再无牵挂。

深藏功与名的她，带着与萨麦尔唯一存活下来的女儿莉林（Lilin）游荡在夜晚的世间，出入在男人们的梦里，与他们嬉戏，与他们交欢。

每当那个可怜的男人精血尽丧后，她们便启程再寻找新的猎物。

相传，吸血鬼便是莉莉丝为了报复亚当夏娃的后代曲线救国所产下的子孙

Lucas Cranach the Elder, *The Fall of Man*, 16th Century.
老卢卡斯・克拉纳赫，《人类的堕落》，16 世纪

后裔。毕竟她虽盟誓不伤人类，可她的后裔没有。

至于莉莉丝，她再也没有现世过。

有的说，她已归隐到那山林树丛中，有的说，她早就随着时间消亡无踪；而我说，她一定还在，随心所欲地留在你的春梦中。

The End

John William Waterhouse, *The Lady of Shalott,* 1888.

约翰·威廉姆·沃特豪斯，《夏洛特的贵女》，**1888** 年

夏洛特的贵女

君自门前打马过　我立高楼望断肠

夏洛特的贵女用生命谱写了一曲暗恋，

可惜她却没有杜丽娘为君还魂的好运气。

三载独徘徊，

一眼误终生。

请看一个文学史上最凄美、最幽怨的故事。

与其他几篇八卦故事不同，这个故事虽然狗血，却一点都不好玩儿。故事主线还是英雄美人和那不管多么努力都无法得到的爱。人生有些事情就是如此，虽然满篇血泪，却仍然毫无意趣。千百年已过，但爱情，永远是文人墨客不变的主题。

有人已经看出，这篇故事是讲 Lady of Shalott，夏洛特的贵女。故事源于 19 世纪英国诗人丁尼生 (Alfred Tennyson) 写的诗。丁尼生受“亚瑟王传奇”中 Elaine the Fair 的悲伤故事启发，这首诗算是他为传奇写的番外篇吧，在当时广为流传。拉斐尔前派一圈尤为喜爱。这是一首很凄美的诗。

William Holman Hunt, *The Lady of Shalott*, 1905.

威廉·霍尔曼·亨特，《夏洛特的贵女》，**1905** 年

夏洛特的贵女身上有个神秘的诅咒。命运决定她一辈子只能身锁塔中，不停地编织着从镜中所看到的一切。而这一切的一切，都只是镜像。无法望向窗外的她，注定永远活在黑暗之中。没人知道她的贤惠，也没人识得她的美貌。那些在塔外听过她声音的人，也只当那是月光下精灵的叹息。

终于，她说自己厌倦了这影子般的世界。在万里无云、天空湛蓝的一天，她在镜子中看见了来自卡美洛的兰斯洛特（Lancelot of Camelot)。那个举世无双的英雄，阳光下璀璨到刺眼的骑士，那个封印她最后命运的男人，他骑着马，从那远处来，又向那远处去。温柔又无情地从她的塔前走过。

许是那天阳光太刺眼，许是因为厌倦了永无尽头的黑暗。她没忍住，转过了身，跑到了窗边。在窗边，她第一次看见河畔的百合，闻到了草香。终于，她看了一眼这个快离别的世界，和那个她爱的，却从来不知她是谁的男人。突然，那面反射着一切的镜子碎了。世间太美好，可诅咒总是来得太快。

看着纺织四散，银镜碎裂，她哭喊道："诅咒终降临到了我身上 (The curse is come upon me)。"但破镜难圆，覆水难收，她早就明白。但她厌倦了这个没有阳光没有他的世界。她要离开。塔外，东风呼啸，风雨飘摇。浅黄色的树林，逐渐枯萎。宽阔的河流在用浪声诉怨。终于，她走出了囚禁她今生的塔。

在那渐走渐枯败的树丛边，她看见了一条无人的船。她乘上了仿佛是为她而设的小船，随着河流，向那梦中的卡美洛城驶去，去看那最娇美的花儿和那最英武的人儿，还有那热闹的世界。在夜晚的低喃间，河水的吟泣中，身着白裙、衣装胜雪的她，唱起了最后一支歌儿。

她在神圣的低吟中，哀悼自己的孤独和那还未来得及尝试的苦辣酸甜。她

John William Waterhouse, *The Lady of Shalott*, 1894.

约翰·威廉姆·沃特豪斯，《夏洛特的贵女》，**1894** 年

John Atkinson Grimshaw, *The Lady of Shalott*, circa 1875.
约翰·阿特金森·格里姆肖，《夏洛特的贵女》，约 1875 年

本是托生在帝王家的人间富贵花。她是公主，他是骑士。他们原也该是书中的美人和英雄，传奇里的美谈与佳话。可到死，她也没盼到那结局。在歌声中，她慢慢地枯萎，独自凋谢在这灿烂似血的晚霞中。

西风也叹，这只能在彼岸梦到英雄美人的世间。小船顺流而下，漂荡中，把她送到了心念间的繁华。但枯萎的花儿总是少了颜色，让人鄙弃。人们惧怕她，都不敢接近她，不知她为何在此，又来自何方。人群中的兰斯洛特也看了她一眼："唉，她长着一张美丽的脸 / 优雅得好似慈爱的主也赐予了她恩典。"

叹息间，他也转身，渐行渐远。

The End

Circle of Andrea Appiani the Elder, *Jupiter and Mercury with Philemon and Baucis*, 18th or 19th Century.

安德烈·阿皮亚尼的圈子，《朱庇特和墨丘利与费莱蒙和包西斯》，18 世纪或 19 世纪

包西斯和费莱蒙

别拒绝那个敲门的陌生人

Knock, Knock,

Who's there?

一个故事告诉你,

幸福真的会敲门。

这篇八卦里，我们把时间线再往回拉个几世纪。故事来源于古罗马，有点小狗血、小圣母，外加小清新。这是一个剑走中庸、不温不火的八卦。**# 人生总得小清新那么几次 #**

不知有同学猜到没？没错，这出八卦就是源自罗马诗人奥维德（Ovid）的《变形记》（*Metamorphoses*）。故事发生在位于现今土耳其的中南部，名叫泰安那（Tyana）的小村庄里。这是一个街里街坊会打架、村头村尾来唱和、少男少女谈恋爱、老头老太闲磕牙的地方。说白了，这是一个平静又庸俗，充满人间烟火的小村庄。

Orest Adamovich Kiprenskii, *Jupiter and Mercury, in the form of visiting strangers Philemon and Baucis*, 1802.
奥列斯特·阿达莫维奇·基普连斯基，《朱庇特和墨丘利：拜访包西斯与费莱蒙》，1802 年

但是像所有故事一样，这个村子也迎来了他们的搅屎棍宙斯（Zeus）（也叫朱庇特）与赫米斯（Hermes）（也叫墨丘利）。这两位大佛从奥林匹斯山下来，游荡到了这村子。不仅如此，两人三更半夜打扮成农夫的样子，开始很猥琐地“咚咚咚”去敲村民的门，说是要借住。可想而知，没人肯借给他们。其实说句公道话，我觉得这事儿也不怪村民。

你想呀，大晚上的，黑咕隆咚听到有人敲门，一开门一看，俩又高又壮的大汉，说自己是农夫，想跟你借住一晚。换你你能觉得这事儿没蹊跷吗？这哪是借住的啊，分明就是要打劫的，心里准觉得这两人不是好人，自然没人肯开门了。不过作为神，他们有足够的时间和耐心从村头敲到村尾。

终于在最后一家，他们敲开了一扇破破烂烂的门。这门貌似不敲也快倒了，诸位也就可想而知住在里边的人是哪般光景了，实在是有些凄凉。但宙斯和赫米斯却感动得鼻涕泡都快出来了，觉得这真心是好人啊！**# 高富帅们的心思你猜不透 #** 可他们也不想想，这家穷得一干二净，光脚的自然不怕穿鞋的。

Johann Carl Loth, *Jupiter and Mercury at Philemon and Baucis*, circa 1659-1662.
约翰·卡尔·洛特，《朱庇特和墨丘利在费莱蒙和包西斯家》，约 **1659-1662** 年

Janus Genelli, *Philemon and Baucis*, 18th Century.
亚内斯·简纳里，《费莱蒙与包西斯》，18 世纪

这家的主人是一对老夫妻，名叫包西斯（Baucis）和费莱蒙（Philemon）。他们倒的确是好心肠。宙斯和赫米斯一进门就受到了殷勤的款待。虽说穷得叮当响，但家里只要能放进嘴里的东西，这对老夫妻都抖搂出来给宙斯他们吃了。俗话说得好，钱多钱少不重要，重要的是那份儿小意殷勤。不过他们很快就发现，这两位不是凡人。

他们发现桌子上的菜怎么也吃不完，杯中的酒怎么也斟不完。这二人当时就喜极而泣，觉得这是奥林匹斯山上的神来解救他们脱贫的！两人一合计，觉得既然马屁已经拍了，就不如拍到底。他们决定把家里最值钱的东西—— 一只可以下蛋外加看家护院的大鹅给宰了，然后煮煮炖了献给两位大神。

他们合计得倒是很好，不过那只鹅可没同意。它没准心想，我没功劳也有苦劳，怎么可以说煮就煮呢！ **# 说好的真爱呢？ #** 就在费莱蒙举刀宰鹅时，这只鹅一下就钻到了宙斯的衣服里，倒把宙斯吓了一跳。宙斯看了看死活都不出来的鹅，便挥了挥手，说算啦算啦不吃啦。顺便他也表明了自己的身份。

包西斯和费莱蒙这对老头老太太，便也下坡驴地说，好好，那就不吃了。然后两人跪在了两位神的面前，求指点。宙斯便告诉他们往山的最高处走，然后切记不能回头。因为宙斯决定要放洪水淹灭这个不热情好客不 Nice 的村落。**# 神仙们都好凶 #** 这些村民就因为有些警惕心，便全部给淹死了。

这故事的变态就在于，本来很狗血的开头，却有个很小清新的结尾。村子被冲毁了，包西斯和费莱蒙也没地方去了。但宙斯因感念他们的款待，便把他们的屋子变成了神庙，并允许他二人在此做祭司。在离开之前，他问二人还有什么心愿。他二人倒也务实，提了一堆要求。不过在最后，又加上了一条。

最后一条请求非常小清新：不求同年同月同日生，但求同年同月同日死。然后死后还要求能在一起，缠缠绵绵到天涯。宙斯虽然私生活糜乱，但花心高富帅有时也爱买一碗心灵鸡汤。他决定成全他们。果然，二人逝去后，一人变成了橡树，一人变成了椴树。两树相依，生死不离，果断同唱你是风儿我是沙。

The End

Peter Paul Rubens, *Thunderstorms Landscape with Philemon and Baucis*, 1620-1625.

彼得·保罗·鲁本斯，《费莱蒙和包西斯在暴雨景中》，1620-1625 年

Sir Edward Burne-Jones, *The Beguiling of Merlin*, 1872-1877.

爱德华·伯纳-琼斯爵士，《蛊惑梅林》（《梅林中计》），1872-1877年

大法师梅林

生亦惑　死亦惑　不如不遇倾城色

传奇里，

法师梅林第一眼瞧见眼前的女子，

便知她是自己一生中最沉重的羁绊。

现实中，

一个求而不得心上人的画家，

在绝望中将自己化作梅林，向命运无奈高叹。

两个男人，

一种命运。

尤物惑人忘不得，

不如不遇倾城色。

《梅林传奇》剧照

John Collier, *Queen Guinevre's Maying*, 190

约翰·科利尔，《桂妮薇尔皇后春游》，

滚娘到底是谁呢？

其实她就是这篇八卦中客串出场的亚瑟正宫王后桂妮薇尔。

据传说中描述，桂妮薇尔面若桃李，国色天香。那个长相绝对是，天上有，地下无，美艳震四方！

我最初以为最次也得长得如右图一般。

但当英剧《梅林传奇》播出时，她竟是这左图模样！

我果然还是太傻太天真。

 # 被她的霸气深深折服的我国人民，尊称她为“滚娘”#

这篇八卦将会在传说与现实中游走。故事将描述两段以悲剧结尾的爱情：两对男女，不同的时空，不同的起点，却无比相似的结局。而这一切都要从爱德华 · 伯纳 - 琼斯（Edward Burne-Jones）的这幅《梅林中计》讲起。**# 放心，不是穿越剧 ## 这世上有一个于妈足矣 #**

相信很多人都知道梅林（Merlin）。不是从迪士尼中知道他，你也会在滚娘身边看到过他。总之，梅林这传奇人物，在西方文化中渗透得非常全面，没有读过魔法文的地球人不知道他。从 12 世纪起，便有了描述他传奇人生的传记。

迄今为止，版本已多如牛毛。在本篇中我只会挑选喜欢的版本片段。**# 言外之意，不要再问我为什么讲的和你知道的版本不一样好吗 #**

传说，梅林半人半魔。母亲是一位人间公主，因在梦中被梦魔 (incubus) 侵犯，被迫与之交欢，然后产下孩子。**# 梦魔，梦魇。Whichever you like#** 这也

Henry Fuseli, *The Nightmare*, 1781.
亨利希·富塞利，《噩梦》，1781 年

图是 18 世纪画家富塞利的《噩梦》。与梅林故事无关，但因为其中描绘的是梦魔 (incubus)，所以特此借来一用。

是为什么他作为人类，能拥有与生俱来的强大魔法。**# 有些人就是这样，生下来就注定伟大 ## 来自世界の恶意你们感受到了吗 #** 长大后的他，先是辅佐亚瑟王（King Arthur）的父亲尤瑟（Uther Pendragon）。后不齿尤瑟的为人，带着襁褓中的亚瑟离开了。

亚瑟在他的辅导下，长成了一代贤王。各地领主们也带着家眷常来朝贺。故事就从这里开始了。在一次庆典中，诺色波兰国的王，带着儿女们来到亚瑟的宫中。其中，他的大女儿妮缪（Nimue）美艳异常，且善武好斗。拉得一手好弓箭的她，还没等姐妹收拾妥当，便独自一人跑到了亚瑟领地的森林中狩猎去了。

读过古代言情文的都知道，女主角一人跑到林子里去，没有例外的总会遇到男主。而妮缪再次印证了这个定律。在她瞄准猎物时，她自己也成了别人眼中的猎物。正在树林思考人生大事的梅林，一眼就看到了她，这个终将封印他命运的女人。**# 单身姑娘们，还看什么八卦，赶紧跑到树林里等真爱吧 #**

他尾随她回到了城堡，知道她是诺色波兰国的公主后，便私下怂恿亚瑟王用为王后桂尼薇尔（Queen Guinevere）挑选女伴的名由把她留下。因畏惧于亚瑟王，诺色波兰国王不得已把大女儿留了下来。梅林一看计谋已成，便毫无顾忌地对妮缪展开了疯狂的求爱。可惜，襄王有梦，神女无心。

妮缪不仅嫌厌梅林的迷恋与狂热，更害怕他会用魔法控制她。妮缪对梅林说，为了证明他们之间的“爱”是纯粹的，没有任何魔法所带来的欺骗与催眠，她

Julia Margaret Cameron, *Nimue and Merlin*, 1874.
朱丽亚·玛格丽特·卡梅伦，《妮缪与梅林》照片，**1874** 年

Sir Edward Burne-Jones, *Merlin and Nimue*, 1861.
爱德华·伯纳-琼斯爵士，《梅林与妮缪》，1861 年

要求梅林教她魔法。她宣称，在学会他所有的咒法之前，她不会爱上他。对妮缪的爱，让梅林彻底失去了理智。是痴心，让他倾其所有，也要得到她。梅林开始倾囊相授，而妮缪也学得很快。

尽管梅林才华绝世，魔法高深。但妮缪厌恶他，想摆脱他，想回到自己的国土自己的家。她一直在抗拒着他的爱，等他不再爱她。但没想到，迷恋使他的痴心越来越深。他看着妮缪的眼神，一日比一日炽热。她想，她等不到那一天了。终于，妮缪出师了。她趁梅林不注意，向亚瑟王和王后辞别了。

已经没什么冠冕堂皇的理由留下她的亚瑟王，不得不同意她的离别。但为了再帮梅林一把，便下旨要梅林护送她回去。就这样，二人便启程了。妮缪看

梅林没有反对她回归故里，也没有指责她背信弃义，便以为自己赌对了。心想，果不其然，只要自己离开，他也就死心了。途中，二人再次穿过第一次相逢的树林。

在经过一片山楂树丛时，梅林停了下来，对她讲了一对恋人曾相约在这山楂树下，死后同葬在此的传说。他想求她再想想，再停停。可他的痴心只能让妮缪恶心不已，他的欲望已经让她忍无可忍。她明白了，他不会醒。她必须彻底摆脱他。她心中一定，对梅林笑了笑，然后开始往山楂树丛中走去。**# 我也不想说是山楂树，可是画中的就是山楂树。忘了张艺谋吧 #**

Sir Edward Burne-Jones, *The Flower Book - Witch's Tree*, printed 1905.
爱德华·伯纳－琼斯爵士，《花之书－巫树》，出版于 1905 年

受到她蛊惑的梅林，也随着她走了进去。终于，她把他引诱到了那盛开的山楂树下，露出了头上盘旋的妖蛇，反身施下了魔咒，借着山楂木本身的魔力，永远困住了他。觉得一切异常顺利的妮缪不禁有些疑惑。在离开之前，又回头望了一眼。看到了依然痴痴望着她的梅林和那仿佛能烧透她灵魂的眼神。

只要一想到梅林是半魔半人的妖物便恶心不已的妮缪，最终还是扭头走出了山楂林，也永远走出了梅林的世界。但其实，梅林是先知。早在看到她第一眼时，便已知道这结局，他必将命丧于她。是爱情，也是飞蛾扑火的命运，所以他迷恋她，他没办法。最后他枯萎在这盛开的山楂树下。

Sir Edward Burne-Jones, *Portrait of Maria Zambaco*, 1870.
爱德华·伯纳-琼斯爵士，《玛利亚·瓒巴蔻像》（《丘比特与普赛克》），**1870** 年

这幅《蛊惑梅林》是爱德华·伯纳-琼斯心爱之作，也可算是他的情感写实。他在人生中也遇见了自己的妮缪——玛利亚·瓒巴蔻（Maria Zambaco）。玛利亚是一位希腊富商的千金，年轻貌美的她与两个表姐妹被当年的文艺圈称为“美惠三女神”。她的美受到了当时拉斐尔前派画家们的追捧。伯纳-琼斯也是爱慕者之一。

一直苦于没有接触的伯纳-琼斯，在玛利亚的母亲向他订购了一幅女儿作为普赛克（Psyche）的肖像后，终于结识了佳人。但这时，二人早已各自成了家。可伯纳-琼斯不顾儿女妻子，开始了对玛利亚的疯狂爱恋。没有妮缪坚强抵抗能力的玛利亚，不久就和琼斯堕入爱河了。而这时，琼斯为了她已经抛妻弃子，并且对妻子提出离婚。

琼斯的举动在当时教条森严的维多利亚社会，掀起了轩然大波。可这次的疯狂举动并没有让两人的恋情长长久久。先是来自社会上的舆论压力，渐渐地，玛利亚开始惧怕起他那浓烈的爱。就像妮缪一样，玛利亚也想逃离他。但不像梅林，琼斯却不允许。最后，玛利亚以死相逼，跳入了大运河中，才得以逃脱琼斯炽热的迷恋。

故事到这也快结束了。尽管最后玛利亚逃出生天，也逃离了伯纳 - 琼斯的爱恋，但琼斯却一直没有忘掉她。她一直是他心中的妮缪，他灵感的源泉。在二人分开五年后，琼斯完成了这幅《蛊惑梅林》。他把这个充满了爱情、欲望、挣扎、欺瞒、诡计与成全的故事，画得这么安静这么美。我想，正如画中无奈却宁静地看着妮缪一步步离开的梅林一样，琼斯也放下了。**# 最后谁都得对命运低头 #**

这个故事也许只告诉了我们一个道理：“不是所有你真心付出的感情，就一定能得到回报。很多时候，它们只是敝履。”

The End

好斗宗师卡拉瓦乔

巴洛克双雄怒战公堂　斗画技宿敌相爱相杀

他一手提画笔，一手拎铁锤。

论画技无人出其左右，

比骁勇千夫莫敢向前，

上下五百年，再找不到更好斗的画家。

他就是一代巴洛克宗师，卡拉瓦乔。

他的崇拜者多，但敌人更多。

他不在乎。

宁愿轰轰烈烈地死，不要平平淡淡地生。

能成为他的对手，

即是一生荣耀。

Caravagio, *David with the Head of Goliath*, circa 1609-1610.

卡拉瓦乔，《手提歌利亚头的大卫》（歌利亚头颅乃是卡拉瓦乔自画像），约 **1609-1610** 年

某电影里曾说过一句流传甚广的大白话：“有人的地方，就有江湖。”我第一次听时，觉得这话简直酷炫得不得了啊，现在再想想，其实不过是一句再直白不过的话了。连跳广场舞的大妈们都会拉帮结派，打得不可开交，更何况这世上的其他圈子。而艺术圈这种顶级名利场，更是一个充满了钩心斗角的是非之地。所以，这一篇章，我就来八卦一下艺术家们之间的那些刀光剑影、恩怨情仇。

你问古今艺术家这么多，到底从何开始讲起呢？的确，从古希腊算起，迄今西方艺术也发展了几千年，而这圈子里的是非八卦更是难以数计。远有阿佩莱斯（Apelles）与亚历山大大帝（Alexander the Great）抢女人，近有杰夫·昆斯（Jeff Koons）娶 A 片女星。更不用提这之间所发生的各式各样的奇葩事件，什么达·芬奇（Leonardo da Vinci）与人群 P 一牛郎啦，鲁本斯（Peter Paul Rubens）和好友为钱反目成仇啦，等等。各种花边新闻，数不胜数。

嘿，这么一叙述下来，发生的狗血事件还真不少。不过，在这漫漫的八卦史长河中，有三桩公案却是不得不提的：卡拉瓦乔（Caravaggio）撕逼案、贝尼尼（Gian Lorenzo Bernini）毁容案、阿特米西亚（Artemisia Gentileschi）被奸案。这三桩公案的风头之大，内容之血腥，行为之暴力，简直让人节操碎满地。（至于那些其他的艺术家八卦，就等我下本书再说吧。）

这一篇讲的便是卡拉瓦乔的一段撕逼往事。

了解艺术史的同学肯定知道大名鼎鼎的卡拉瓦乔（Caravaggio），一位惊才绝艳、影响力穿透时间的大艺术家。他用激进的明暗对照法，开启了长达一个世纪的巴洛克戏剧画风。可以说，后世给他的“巴洛克之父”的头衔，他当之无愧。

以上，为教科书的官方语。

Ottavio Leoni, *Portrait of Caravaggio* , circa 1621.
奥塔维奥·莱奥尼，《卡拉瓦乔像》，约 1621 年

教科书上鲜少提起的是，这么一位才华横溢、技惊四座的人，却是个脾气暴躁爱逞凶斗狠且具有强烈虚荣心的无赖。他这一生的种种事迹表明，他卡拉瓦乔最擅长的不是画画，而是惹是生非。当然，艺术家嘛，总是要放荡不羁一点才对得起这个头衔。可像卡拉瓦乔这样拿打架决斗来当正经事做的，还是极少数的。可以说，如果把他与人撕逼的事情都一一道来的话，这本书就写不下别人的八卦了。

所以，在此我也只抽出一段精华，让大家感受一下。

今天这桩公案，围绕的是卡拉瓦乔在 1601-1602 年所画的这幅《爱情战胜一切》。这幅是卡拉瓦乔最风光时期的作品之一，秉持的也是他一贯的拿手画风:一种在现实与理想之间的微妙平衡。

用人话说就是，把那些本应该在画里很仙很完美的人物画得很糙很接地气。

好比这幅画里的丘比特，顶着乱糟糟的头发和歪歪的牙，连身后的翅膀都灰扑扑的没有美化，一点也不像那个传说中的美神维纳斯之子。

但这丘比特画得再粗鄙，都阻挡不了它要红的命运，谁让它是卡拉瓦乔画的呢。**# 这就叫明星效应 #**

所以正如他之前的其他作品一样，这幅刚画好后，便立即风靡了整个罗马贵族圈。

不夸张地说，在当时的罗马，卡拉瓦乔就是艺术界的晴雨表。他画什么，就火

Caravagio, ***Amor Vincit Omnia (Cupid as Victor)*****, circa 1601.**
卡拉瓦乔，《爱情战胜一切》，约 **1601** 年

Nicolas Régnier, *Portrait of Marchese Vincenzo Giustiniani*, circa 1630.
尼古拉·雷尼埃，《侯爵威琴奏·朱斯蒂尼亚尼像》，约 **1630** 年

什么，别人也就跟着开始山寨什么。**# 卡拉瓦乔同款，那都是分分钟的事儿 #**

一般来说，他也不是特别在意，反而深深沉醉在这种走哪儿都有粉丝小弟的感觉中。但只有一次，卡拉瓦乔为了别人模仿他这件事闹了起来。他是不闹则已，一闹就是满城风雨，最后还闹上了法院，两人对簿公堂。

起因就是这幅画：《爱情战胜一切》。

刚刚说到了，这幅画一画好后，就得到了圈里圈外的一片掌声，领导和同僚们一致称赞。这其中最高兴的还得属这幅画的买主，也就是当初向卡拉瓦乔定制此画的贵族客户侯爵威琴奏·朱斯蒂尼亚尼（Vincenzo Giustiniani）。

威琴奏拿到成品后，便开始到处炫耀，逢人便说他这最新的收藏多么多么稀有，多么多么特别。为了最大尺度显摆这幅画，他还把它挂在了家里最明显的地方。但这么做完后，他还觉得不够抢眼，毕竟他的府邸那么大，万一来他家开 party 的人错过了怎么办，那不是白请这群家伙来家里吃吃喝喝了？为了不让任何人错过这幅他认为好到感天动地的杰作，他决定在画上蒙上一块布。

蒙上布？对，就是蒙了块布。

这当然不是为了让人看不见它才蒙上的。正相反，它的作用是为了保证每个来他家的人都能看到这幅画。人啊，就是这种奇怪的动物，摆在你眼前的时候你可能会错过，一旦在你面前把东西蒙上了，你分分钟就会注意到它，并且立马就会产生想掀开它的冲动。**# 想想潘多拉，就知道好奇心是化石般的 DNA，刻骨入髓！ #**

Benedetto Giustiniani medal, 1606.
本尼第透·朱斯蒂尼亚尼纪念章，1606 年

威琴奏就这样利用了宾客们的好奇心来卖弄这幅画。每次宴客后，他便把大家都聚集在画前，吊足了众人的胃口后，才肯掀开幕布，让这幅《爱情战胜一切》隆重登场，并顺便开始接受所有人的掌声与赞扬。也就是说，来他府邸做客的人，个个都得陪他这么玩儿一遍。**# 嘚瑟之情，溢于言表 #**

想当然，威琴奏这一系列臭显摆的举动，让很多人都非常不爽。但迫于他非常有钱的淫威，个个也都是敢妒不敢言。他到底多有钱呢？在土耳其人没打来之前，整个希俄斯岛都是他家的[❖]。他爸是梵蒂冈御用银行家，伯父和兄长则是红衣主教。作为一个财力雄厚的罗马地头蛇，没几个人愿意和他对着干。

❖ 希腊第五大岛屿，位于爱琴海东部。相传是大诗人荷马的故乡

不过这次，威琴奏令人发指的嘚瑟样儿，终于惹毛了一个敢和他叫板的人——他亲哥：红衣主教本尼第透·朱斯蒂尼亚尼（Benedetto Giustiniani）。别误会，这兄弟俩平时感情很好，就只爱在一件事上争个高低，那就是收藏艺术品。为了好好治治弟弟到处显摆的臭毛病，顺便弥补一下自己因为没收到这幅画而被伤到的自尊心，他决定就着“爱神”这个题材，再定制一幅画。更唯恐

Ottavio Leoni, *Portrait of Giovanni Baglione*, 1625.
奥塔维奥·莱奥尼，《乔瓦尼·巴格里奥内肖像》，1625 年

天下不乱的是，本尼第透钦点了卡拉瓦乔的死敌乔瓦尼·巴格里奥内（Giovanni Baglione）去完成这个委托。

你问乔瓦尼·巴格里奥内又是谁呢？这位在当时也是罗马艺术圈颇有些名气的画家，尽管在历史的长河中，他早已被洗刷了下去，以至于很少有人听说过他。就连他现在仅有的一些历史地位也差不多是靠着和卡拉瓦乔撕逼这段往事得来的。**# 论选对敌人的重要性 #**

这两人的恩怨是从何而起的呢？这就要从卡拉瓦乔刚到罗马的时候说起。卡拉瓦乔刚到罗马没一年，很快就在艺术圈掀起了惊天浪潮，并吸引到了不少贵族供养人。试想，在一个大家天天抬头就是米开朗基罗（Michelangelo）的肌肉男，低头就是拉斐尔（Raphael）的天仙圣母的地方，突然来一位把圣人画得像挑脚夫，天使画得像路边小浑蛋的人，就别提多新鲜了。

这其实和物离乡贵一个道理。

Caravaggio, *The Inspiration of Saint Matthew*, 1602.
卡拉瓦乔，《圣马太的灵感》，1602年

卡拉瓦乔来自意大利北部的伦巴第地区，那边的风格都是倾向于德国和尼德兰贴近自然的写实主义，构图着色也相对简洁。这和罗马城一贯的富丽堂皇风有很大差别。

贵族嘛，大鱼大肉吃久了，难免喜欢啃点山里纯天然的野菜。这当然不是说米开朗基罗和拉斐尔那种理想性质的描绘不好，但再完美的东西，看多了也还是会审美疲劳。因此，卡拉瓦乔这种非常接地气的北方写实风格，在南边的罗马迎来了新的春天。

就像我之前提到的，卡拉瓦乔的画风吸引了一堆粉丝，个个都受他影响，开始从风格上向他靠拢，务必要把自己的作品都弄成“卡拉瓦乔同款”。**# 谁让人家的风格好卖呢，艺术家们都是很务实的 #**

而这群老少粉丝中，也包括出道比卡拉瓦乔早很多年的奥拉西奥·简提列斯基（Orazio Gentileschi）（记住这位的名字，他会在另一章里再次出现）和这篇文章的男二号乔瓦尼·巴格里奥内。

你问既然是粉丝，就算做不成朋友，也不该是死敌吧。

你错了，那是你爱得还不够深。**# 最深处的爱，永远都是粉转黑 #**

作为卡拉瓦乔的头一拨粉丝，巴格里奥内最开始也是一位爱献殷勤套近乎的普通粉，期望有朝一日能与卡拉瓦乔结出友谊之花，成为一辈子的好基友么么哒。

但他这人有一毛病，就是自尊心特强，所谓的玻璃心。

尽管他欣赏卡拉瓦乔，但心里还是觉得自己比他出道早，他卡拉瓦乔再牛也得讲江湖规矩不是。于是乎，他时不时爱在卡拉瓦乔面前摆架子。俗话说得好，流氓不可怕，就怕流氓有文化。卡拉瓦乔是谁啊？那就是一特有文化自恃才华狂妄自大的顶级大流氓。这么一人心里可没“规矩”二字，他的人生座右铭就是 :You can You up,No can No BB。在他看来，谁牛谁就是老大。**# 要不然，你行你上啊 #**

所以卡拉瓦乔每次看到巴格里奥内那股子端着的劲儿就气不打一处来，以至于见一次他就讽刺一次，时间一长，就让巴格里奥内那颗本来热乎乎的玻璃心，碎了满地。两人就此结下了梁子，而巴格里奥内也从普通粉，进化成了 ANTI 粉。从此，两人就开启了长达后半生的掐架。只要他卡拉瓦乔想要接的活儿，巴格里奥内就必定会去抢，十次中也能被他抢成一两次，这梁子呢，也就越结越深。

而这次红衣主教本尼第透正式的钦点，更让巴格里奥内看到了一个极好的打击报复卡拉瓦乔的机会。

可能是真使出了吃奶的劲儿了吧，巴格里奥内这次倒也争气，没多久就画出了下页这幅《圣洁之爱战胜粗鄙之爱》。他这幅画画好后，也很受同僚与贵族们的追捧，金主本尼第透也非常满意。顾名思义，这一幕描绘的是代表上帝圣洁之爱的大天使，战胜了代表世俗肉欲粗鄙之爱的丘比特。

但内容要真是如此单纯，这八卦也就讲不下去了。确切地说，这幅画描绘的是，身着铁甲、一头金发、手持神圣电光之箭的美貌大天使，正闲庭信步地把惊慌失措的丘比特踩在了脚下。

至于亮点嘛，相信不用我指出，大家也看出来了，这丘比特的模样和卡拉瓦乔《爱情战胜一切》中的丘比特简直是一个模子刻出来的。两个丘比特都是十二三岁的模样，一头卷发，戴着一对灰色翅膀。不同的是，一个拿着羽箭趾高气扬，另一个则是弓箭折满地，狼狈异常。

画外之意无非就是：踩死你踩死你踩死你！卡拉瓦乔，去死吧！

 # 我对这不含蓄的世界绝望了 #

Giovanni Baglione, *The Divine Eros Defeats the Earthly Eros*, circa 1602.

乔瓦尼·巴格里奥内，《圣洁之爱战胜粗鄙之爱》（第一版），约 1602 年

排除这满满的恶意不说，这幅《圣洁之爱战胜粗鄙之爱》倒真可以算是巴格里奥内的巅峰之作了。你可能想了，看上去也很一般嘛。别急，给你看看他平时的水平你就明白了。**# 秋香都需丑女配，更何况他巴格里奥内了 #**

要知道，他的总体水准可是旁边这幅图这样的：人物丑陋，姿势古怪，比例更是奇差无比。现在你再回头看看这幅，是不是突然觉得很高端，很大气，很不像他的作品了？

Giovanni Baglione, *Terpsichore, Muse of Dance*, 1620.
乔瓦尼·巴格里奥内，《舞蹈缪斯忒耳普西科瑞》，1620年

总而言之，巴格里奥内把这幅《圣洁之爱战胜粗鄙之爱》画成后，获得了前所未有的掌声和赞美。而那些看戏不嫌台子高的人，又纷纷跑到卡拉瓦乔面前说三道四，撺掇卡拉瓦乔也去看。**# 为这群添柴浇油的人点个赞，历史因为他们才精彩 #**

本来卡拉瓦乔准备以无视来鄙视巴格里奥内，说白了，就是不想给他那个脸，他不屑！但换谁也耐不住天天有人在你面前拱火儿啊。最后他也坐不住了，没抵住诱惑，跑去看了。

不看还好，这一看就看出官司来了。

当他看到巴格里奥内画中倒在右下角的丘比特时就明白了，巴格里奥内这是分分钟撕破脸的节奏。人家连掩饰都不掩饰，直接摆明面儿上骂他了！

更关键的是，这幅画用的还是他卡拉瓦乔惯用的风格：极度明暗对照法。

不过真正让卡拉瓦乔忍不了的是当他看到第二版本的时候。一模一样的主

Giovanni Baglione, *The Divine Eros Defeats the Earthly Eros*, 1602.
乔瓦尼·巴格里奥内，《圣洁之爱战胜粗鄙之爱》（第二版），1602 年

题，一模一样的构图。依然是代表圣洁之爱的天使用脚丫子来阻止代表粗鄙之爱的丘比特和魔鬼之间的交流。

乍一看，两幅很相似。但不一样的是，亮点已从丘比特的造型换成了左下角的魔鬼。第一版本中，因为是背朝观众，所以魔鬼很容易被人忽略。但在这第二版本中，魔鬼的头居然扭过来了！

嚯！卡拉瓦乔定睛一看，这魔鬼的脸，不正是自己吗！ **# 出来混就是要讲信用。说好踩你上位，就一定要踩你上位 #**

卡拉瓦乔当场就掀桌了。他开始大骂巴格里奥内不要脸臭流氓！无耻抄袭没才华！是异端，是邪教，炸地球！并且放话出去，说有我没他，不共戴天！

Giovanni Baglione, *The Divine Eros Defeats the Earthly Eros*（*Detail*）, 1602.
乔瓦尼·巴格里奥内，《圣洁之爱战胜粗鄙之爱》（第二版局部），1602 年

而他的那些死忠粉为了表忠心也开始在圈子里跟着骂，个个都说巴格里奥内不厚道啦，没本事啦，口臭脚臭没刷牙啦……总之就是各种谣言满天飞，巴格里奥内被完全地孤立了。

这下子，换巴格里奥内坐不住了。其实，这次的确是他不厚道。你说你画一幅过过瘾也就完了呗，还非画第二幅。画第一幅，人家都会骂卡拉瓦乔，该！谁叫你平时那么嘚瑟！但你画了这第二幅，那就是你巴格里奥内欺人太甚了。你有不满，可以骂出来嘛。你干吗还给画出来啊。这不是让人家丢脸丢千秋万代的节奏吗。这就是你巴格里奥内太损了。

可巴格里奥内不这么想啊。他觉得自己特无辜，特冤枉！他越想就越气，

Giovanni Baglione, *The Divine Eros Defeats the Earthly Eros*（*Detail*）, 1602.
乔瓦尼·巴格里奥内，《圣洁之爱战胜粗鄙之爱》（第一版局部），1602 年

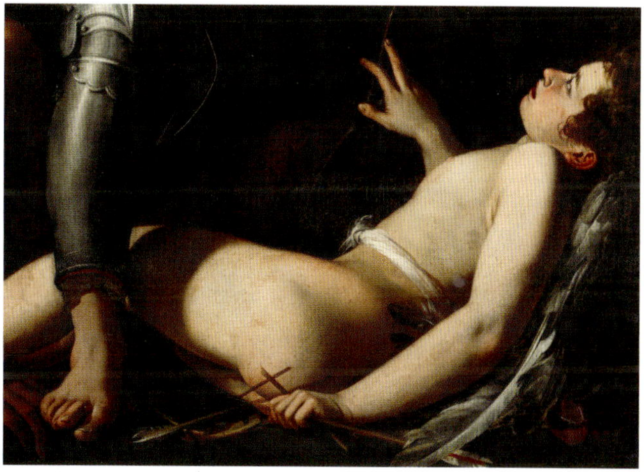

越气就越想，最后还真让他想出报复的法子来了。

他准备把卡拉瓦乔和他那些小伙伴都告上法庭！就告：诽谤罪。

这下整个罗马都沸腾了。

本来这只是小圈子里的掐架，闹得再热火朝天，那圈子外的人也是不知道的。普通百姓，就算捕风捉影知道些信息，总的来说那也是扑朔迷离的。这就像天涯上老说娱乐圈谁跟谁不和，但人家是真的不和，还是做戏给你们看，你们也不知道吧。但是，如果两人闹上法庭，那肯定就是百分百撕逼，千分千不和了。你拍拍良心问自己，到时候你能不分分钟刷微博看评论追踪最新动态，围观个底朝天吗？

 # 做个好人，都别装 #

巴格里奥内把卡拉瓦乔告上法庭这件事，也是同一个道理。

Caravaggio, *Medusa*, between 1595-1596.
卡拉瓦乔，《美杜莎》，1595-1596 年之间

它已经从艺术圈的意气之争，上升到了全民都关注的撕逼事件。从教皇到乞丐，从商家到小贩，大街小巷茶余饭后都开始议论起这事儿。那叫一个热闹。总体气氛，跟咱们这过大年似的。

就这样，在万众瞩目中，卡拉瓦乔被传上法庭了。

法官便问他，是不是有散布谣言、污蔑巴格里奥内啦，认不认罪、知不知错啦，

赶紧从实招来、好从轻发落啦，巴拉巴拉巴拉。

这法官呢，啰唆了半天，其实也不过是走个过场。

罗马法官多大的人精啊，他既然能在权贵满天飞，一群爵爷世子一言不合就能拔刀子互捅的罗马城做到法官之职，那就一定不会是个糊涂人。什么案子怎么判，心里都门儿清。

就像这诽谤罪，只要你说没有，他也不会死揪着不放。要知道，这世上最难断的便是这种口舌官司。

这就跟两口子吵架，你能说谁错了？顺了哥情失嫂意，你向着谁都不行。尤其今天掐架这两人，各自都有通天梯，上边都有人罩，他谁也得罪不起。所以最好的结局就是，被告咬紧牙说压根没诽谤这回事儿，原告说：有有有你就是说了，然后他再既无奈又公正严明地各自口头惩戒两句，谁都不偏袒，拍板儿退堂，皆大欢喜。

但没想到的是，卡拉瓦乔就是一位不走寻常路的爷，其所作所为，完全脱离了法官心中的剧本走势。

谁都没想到的是，这位爷大摇大摆往那儿一站，居然一上来就认罪了。这下法官、巴格里奥内和场外的八婆们都傻眼了。尤其是巴格里奥内，不知怎么的，心里咯噔一下子，觉得苗头不太对。

果不其然，卡拉瓦乔认完罪后就开始就地发挥，巴拉巴拉骂起了巴格里奥内，说他是个烂到不能再烂的画家，压根就没听过任何人称赞过他的画；他的作品没构图，没风格，没内容，而他这人更是没才华，没长相，没风度，要什么没什么，一无是处，一塌糊涂。中心思想就是，他如此浪费粮食，不知道他还活着干吗。

整个罗马都被卡拉瓦乔的霸气给镇住了。

谁见过这种当着法官的面依然如此大放厥词的，分分钟都跪了好吗。

也就是说，卡拉瓦乔当着整个罗马的面，把巴格里奥内从上到下从里到外地羞辱了一遍。

巴格里奥内也是倒霉催的。他闹这官司本是为了羞辱卡拉瓦乔，没想到竟然把自己给绕了进去！**#唉，论那些你猜中了开头，却没猜中结尾的人生事#**

看着自己在整个罗马名誉扫地，沦为笑料，巴格里奥内气得差点没背过气去！这时法官也缓过劲儿来了，赶紧判了卡拉瓦乔的罪，好结束这场闹剧。

法官最终判卡拉瓦乔进监狱里蹲两周，并嘱咐他好好思过，反省人生，改过自新，务必要洗心革面，活出新的精彩。**#法官，别闹！#**

就这样，前前后后维持了快两年的撕逼案终于落幕了。

尽管最后被判了两周刑，卡拉瓦乔无疑是这场闹剧的大赢家。但俗话说得好，赢一次容易，赢一辈子难。卡拉瓦乔始终改不了爱到处惹是生非的坏毛病，过了没几年便因为一次决斗误杀事件被逐出了罗马，开始了他人生最后几年的大逃亡生活，最终客死他乡。

而没再离开过罗马的巴格里奥内，虽说算是笑到最后的赢家，但心中不免有些独孤求败的明媚忧伤。为了纪念这个跟他斗了半辈子的贱人，他决定替卡拉瓦乔出书写传记。他的后半生也就在这兢兢业业真情切意地诋毁卡拉瓦乔中度过了。

就这样，巴格里奥内用极度偏激的言语，将他与卡拉瓦乔那一幕幕痴嗔妒怨、爱恨情仇，永远地留在了滔滔青史中。

果然：**# 真爱都是一生黑 #**

The End

Caravaggio, *Saint Jerome Writing*, circa 1605-1606.
卡拉瓦乔，《圣杰罗姆写作》，约 1605-1606 年

辣手摧花贝尼尼

虐恋情深巴洛克　爱恨交织罗马梦

曾凿开大理石的刀锥，
挥向花容失色的俏脸。

曾征服罗马的姓名，
在一夜遭众口诋毁。

贝尼尼风光一生，得意一世，
却难料为情仇摔落马头。

满城莹白雕塑中，
只有一尊，
曾是他爱情落葬时的绝响。

Gian Lorenzo Bernini, *Self-Portrait as a Young Man*, **circa 1623.**
济安·洛伦佐·贝尼尼，《年轻的自画像》，约1623年上一篇讲到的是到处惹是生非的卡拉瓦乔与人撕逼事件。这位撕着撕着，最终撕出了大事，从艺术圈一哥的位置一落千丈，被放逐罗马，沦为他乡异鬼。整个故事，真是跌宕起伏，不胜唏嘘，不禁令人暗叹，No Zuo No Die 果然才是正道理。而这一篇的男主角显然也很同意这个观点。他不是别人，正是接替卡拉瓦乔成为第二代巴洛克罗马一哥的济安・洛伦佐・贝尼尼（Gian Lorenzo Bernini）。

不知道的肯定问了，这贝尼尼到底是何许人呢？又有什么本事来接卡拉瓦乔的位子？他也配？！

而知道的就明白，贝尼尼可是比卡拉瓦乔更牛的人物。他善雕塑、能绘画，更丧心病狂的是，他还懂建筑、玩设计。可以说，他重建了半个罗马城，并且以区区二十八岁之龄成为最后一任圣彼得大教堂的总建筑设计师，最终完成了这拖了一百二十多年、历经多位建筑师与更多位教皇的天主教大圣殿。但最让人不能接受的是他小小年纪便已样样精通，能独挑大梁接下诸多雕塑与建筑设计的单子。真可谓是活生生要逼死人的少年全才啊。

可以说，他在还没过青春期时就已荣登罗马一哥的宝座，而这么一坐，就一下子坐到了 81 岁寿终正寝时。贝尼尼用他那红得发紫的青春，再次印证了张爱玲那句至理真言：出名就是要趁早。**# 那些哭晕在厕所的同学，你们还好吗？ #**

所以毋庸置疑，贝尼尼才华四溢，迸溅八方，比卡拉瓦乔更当得起艺术圈一哥的名号。

但才华只是能力，不是手段。我一直认为，一个光有能力却没有手段的人，不配享用那权力巅峰带来的荣华富贵。而让贝尼尼稳坐一哥宝座的手段，就是他的性情。

Gian Lorenzo Bernini, *Self-portrait as a Mature Man*, between 1630 and 1635.
济安·洛伦佐·贝尼尼，《成熟的自画像》，约 1630 年与 1635 年之间

相比于罗马前两任一哥（米开朗基罗和卡拉瓦乔）的狗臭脾气与难搞个性，贝尼尼简直可以算是随和得像春风一般的人物了。这让已经受够了“天才”气的梵蒂冈教廷高兴得差点没哭出来。简单地说就是，贝尼尼又有才华，又会说话，更懂逢迎。这么一个既会做人，又会做事的家伙，他要是不红还有天理吗?

可以说，贝尼尼的 IQ 造就了他，但最终还是那 EQ 成就了他。

就这样，他用他的才华与性情牢牢地霸占住了整个罗马艺术圈。教廷那些

Pietro da Cortona, *Self-Portrait*, 17th Century.
皮得罗·达·科尔托纳，《自画像》，17 世纪

图为贝尼尼的死敌之一科尔托纳。
#你们随意感受一下#

顶级大客户可是让他给攥得死死的。这些人一有订单需求，肯定先问贝尼尼，如果他说“不行”，接不下这活儿了，才会去问其他人。

乍一听，你觉得这样挺合理的对吧，毕竟没才华的人活该要靠后站。但没才华的人可不这么想啊。尤其让他们受不了的是，贝尼尼还什么单都接，总跟客户说“行”。这让其他勒紧裤腰带过日子的艺术家情何以堪啊。

很理所当然的，贝尼尼这种不顾同行道义的行为引起了公愤。

人家其他艺术家想了，我们也得挣钱吃饭啊。你贝尼尼吃肉我们管不了，但你连汤都要抢，这就是你的不对了。你再有才华，也不能把这全天下的钱都挣了去吧。

但贝尼尼呢，却一点也不 care，依然我行我素，压根儿没有一点儿提携后辈、

平辈、前辈的心。

可想而知，在贝尼尼背后扎草人诅咒他的都可以从罗马排到威尼斯了。要是以被多少人骂来作为衡量成功标准的话，那么贝尼尼绝对是个人生大赢家。

我曾翻看过贝尼尼那些死对头的来往书信，其妒恨之情，溢于言表。为了让你们分分钟也感受下那些常年不被宠爱的小主的怨气，特此翻译了一小段给你们：

“他（贝尼尼）简直就是霸占住金苹果园的恶龙，不眠不休也要保障没人能抢走教皇手中的金苹果。他到处口吐毒液，总是在那去往丰厚回报的路上遍植如荆棘般的诽谤。”

唉，小主们太文艺了，让我用人话再给你们翻译一遍：贝尼尼这个贱婢！吃肉抢汤也就算了，还居然老在主子面前说我们的坏话！ **#Bitch is so bitch#**

而反观贝尼尼呢，人家可高端多了。他才不屑在背后说人坏话呢。

作为底气十足的一哥，他一般都是当面说。

贝尼尼一有机会就在教皇主教们面前上上眼药，敲敲边鼓。告完状后，再马上装大度，说些什么“他们这些作品做得那么糙，一定也有不得已的原因啦，也许是没才华，但也许是活太多累了呢”之类的话。这一系列的绿茶行为，不禁让教皇深深地感叹，和那群天天给他添堵的人相比，还是贝尼尼懂事啊。**# 真真是宫斗的一把好手 #**

总之，贝尼尼明白，只要不犯大错，谁也挤不走他。至于像卡拉瓦乔这种到处惹是生非的笨蛋在他心里一定是蠢翻了。而教皇、主教和其他罗马贵族们也会想，去哪再找一个如此上道儿又有才华的人呢？再说了，都说做生不如做熟，既然他贝尼尼做得挺好，何苦再折腾。自然也都是该捧着捧着，该护着护着。

至于其他艺术家，就这样残酷地被遗忘在了寒风中。被这人情冷暖折腾得心都碎了的他们，也只能边骂贝尼尼不要脸边捡他不要的剩饭残羹，顺便等待着一举踩死贝尼尼的时机了。

而这一等，就一下等了二十多年。

二十多年过去了，贝尼尼一哥的位置仍旧稳若泰山。毫无破绽的他，仍然过着日进斗金、边做艺术边泡妞的美好生活。总之就是幸福得令屌丝们发指的日子。

但就在他那群死对头等得都快绝望的时候，贝尼尼终于出事儿了。

毕竟俗话说得好，常在河边走，哪能不湿鞋，再小心也会翻船的。

就在贝尼尼快迈进不惑之年时，他犯了一次大错。这次的失误，让他差点被逐出罗马，重蹈卡拉瓦乔的覆辙。

而这一切的起因却很老套，又是因为爱情。

本来呢，贝尼尼对待爱情的态度，就像所有少年成名的高富帅一样，就是到处泡妞，游戏人间。

 # 专一的高富帅，是只能存在于韩剧中的物种，醒醒吧！ #

有人说了，看肖像他一点也不帅！不要骗自己了好吗，所谓的高富帅永远只需达到“富”字就已经合格百分之九十九了。至于“高”和“帅”，都是好商量的。所以，只要不是歪瓜裂枣，一律都是高富帅！

而贝尼尼这位在未到弱冠之年便已经开始赚大钱的少年高富帅，可谓是小小年纪就逛遍了罗马的销金窟。尽管如此，那想做丈人丈母娘的，仍然能足足绕罗马城一圈。

但贝尼尼的态度很坚定：谈情说爱可以，忠贞专一不行。他那夜夜千金买春宵的放荡模样，简直让女人们爱得咬牙切齿欲罢不能啊。

常言道，夜路走多了，总会撞到鬼。而贝尼尼人生中的第三十八个年头，他终于遇见了自己的鬼，一位名叫卡斯坦莎·博纳瑞力（Costanza Bonarelli）的女人。

这女人让贝尼尼跟中了邪般神魂颠倒。

说是爱也好，欲也罢，总之贝尼尼迷恋她到无可自拔。他为她吟诗作画，为她塑下传世肖像，一切都只为了能让这女人的容颜时时刻刻陪伴在自己身旁。

这尊半身雕塑可以算是他此生最浪漫多情的作品了。这个大理石凿刻出的女子，双眼圆睁，丰唇微启，被惊到了的她，悄颦起眉头似乎正要开口谴责让自己猝不及防的来者。当然，这来者不是他人，正是使她艳名万古流芳的情夫贝尼尼。而美人云鬓乱散、酥胸半露的样子更是让人不得不往歪处想。**# 你懂的 #**

就这样，贝尼尼用他最炽热的感情，把两人之间那私密且缠绵的瞬间永远锁在了大理石里。

这栩栩如生，恨不得下一秒便能柳眉倒竖、吐气骂娘的半身像，让人不难看出，风流了前半辈子的花丛老手，已对她情根深种，分分钟跪倒在了石榴裙下。

但俗话说得好，秀恩爱，死得快。像贝尼尼这种猖狂地把恩爱都秀成艺术品的家伙，更是活该印证这铁一般的道理。

果然，卡斯坦莎这边变心了。

不过，他二人的恩怨暂且按下不表，我们先看看卡斯坦莎到底是谁，又是凭什么让贝尼尼爱得这般如痴如狂。

其实，博纳瑞力是她的夫姓。**# 是的，她与贝尼尼相遇时，早已嫁为人妇 #** 她娘家姓氏为声名赫赫的“皮克罗米尼”(Piccolomini)，是曾出过两任教皇的锡耶纳老贵族。但树大分枝，自然会有荣有枯。而一个大家族，在开枝散叶后也免不了有落魄不堪的旁支，卡斯坦莎那支便是其中之一。

王尔德 (Oscar Wilde) 有一句话，可以很好地概括出卡斯坦莎童年时的境遇：“出身高贵，却一贫如洗，这简直就是双重的悲剧。”更雪上加霜的是，这位拥有双重悲剧的小姑娘，还是位娇艳动人的美女，小小年纪出落得相貌不凡。

◀ **Gian Lorenzo Bernini, *Bust of Costanza Bonarelli*, 1636-1638.**
济安·洛伦佐·贝尼尼，《卡斯坦莎·博纳瑞力胸像》，**1636-1638** 年

Coat of arms of Piccolomini

皮克罗米尼家族家徽

当然，对于一个落魄少女来说，美貌不是什么好事。本就家道中落的她，在父亲早逝后，更加无依无靠。要不是修女会的救济，她差点沦落风尘做上那皮肉买卖。啧啧，真真是小姐的身子，丫鬟的命。怎一个“惨”字了得！

但如果卡斯坦莎是个早早就接受命运的人，那么也就不会有后来与贝尼尼的那番恩怨情仇了。种种事迹表明，这位美貌的没落贵女，可不是一朵等人怜爱的娇花。一文钱也许能逼死一个英雄汉，却逼不死一位心计伶俐、貌如牡丹花的小女子。算盘打得叮当响的卡斯坦莎，很快便明白，她的人生还没到绝路，美貌便是她咸鱼大翻身的最佳筹码。而现在一贫如洗，不代表将来就不能玉堂金马。

更让众多女屌丝自惭形秽哭倒在厕所的是，这位美人还聪明地没把鸡蛋都放进一个篮子里。她借着寄宿修道院的机会，如饥似渴地把教会图书馆从里到外全都读了一遍，就这般恶狠狠地自学成才了。想来，这美貌能改变人生固然最好，但如果改变不了，凭脑子也可以再搏一次。**# 所以说，成功的人生永远不是巧合 ## 那些天天绞尽脑汁入豪门的同学，你们学会了吗 #**

卡斯坦莎做的这一切的一切似乎都是在对老天爷宣誓，她定要在此生过上那配得上她血统的金粉生活。就算死，也要做个富贵鬼，不死不休！

事实证明，一个人，若如卡斯坦莎这般面面俱到勤奋好学，并且时时刻刻抱着誓死也要嫁入豪门的心，那她一定是会嫁入豪门的。嫁不进去都是没天理！

少奶奶的生活，她值得拥有

果然，机会都是给有准备的人的。在她年岁渐长、快要被逼出收容所时，终于遇到了自己的丈夫——那个踏着金子做的祥云，从天而降救她出贫穷水火的盖世英雄马特尤·博纳瑞力（Matteo Bonarelli）——一个出身不太高贵的富二代。

若拿博纳瑞力家族与卡斯坦莎的皮克罗米尼家族相比，那简直就是萤火之光怎配与日月同出现在一个句子里！但作为一个出身高贵的女屌丝，卡斯坦莎太明白出身是个多么不值钱的事。以至于在马特尤向她求婚时，她想都没想就拍板儿嫁了。就这样，在她十七岁那年，终于得偿所愿，用她的美貌和手腕与金钱联姻了。

这对小夫妻也过了几年开心的日子。但好花不常开，恩爱不常在。好日子啊，它就是过着过着就没了。而这一切都源于她那位富二代老公，跳槽到了贝尼尼的工作室。理由很简单，他想跟着当今最有才华的雕塑家一起工作。

有人肯定问了，你不是说他是富二代吗，怎么还需要去别人工作室工作啊？

拜托，这叫作追求好吗！富二代们也不是个个都想在家吃饱混天黑的，人家也有理想，也有抱负，也有远大的志向，OK？钱嘛，只不过是让人能去做自己想做的事情，而不是不去做事情。不信你去问问王思聪，他是天天只会在钱里打滚吗？

Bust of Costanza Bonarelli.

《卡斯坦莎胸像》45° 图

总之，卡斯坦莎的老公为了艺术，就这样追随贝尼尼去了。可没想到，他这一去就把自己的宝贝老婆也赔了进去。

这一年，卡斯坦莎二十四岁，在一个女人风华正茂娇艳欲滴的时候，与贝尼尼相遇了。也不知道是贝尼尼难抵美人风情，还是美人难抗贝尼尼的名士风采，但不管谁先勾引的谁，两人如天雷勾地火般，迅速地勾搭了起来。那激情四溅的架势，恨不得把方圆四百里都给燃烧起来。

很快，罗马艺术圈都知道，贝尼尼和自己下属的老婆好上了。其实，这事儿刚开始，除了当事人外，别人也没太在意。毕竟他贝尼尼又不是头一回闹出这种风流逸闻，不就又是个女人吗，有什么大不了的。

可没想到的是，这次贝尼尼居然动了真情。

也许是因为，如卡斯坦莎这般精明美艳的女人，的确有着让男人难以抵挡的万种风情；也许是因为，这次真的就是那无从抗拒的命中注定。不管为什么，贝尼尼为她着了魔。

可惜啊，卡斯坦莎，却没那么爱他。

在贝尼尼为她如痴如狂的时候，人家这边早就开始退步抽身，感情急速降温了。这谈过恋爱的都知道，当一方爱得比另一方多的时候，爱得多的那方就已经输了。感情只有两人同进同退时，方能长长久久。因此这时最好的结局，就是一拍两散，各生欢喜。

但很显然，贝尼尼不这么想。当他渐渐感觉到情人情转薄时，他想的头件事不是分手，也不是试图修复，更不是良心发现接受卡斯坦莎与自己丈夫重修旧好，而是抓奸。他已经完全忘记了自己也是奸夫这个事实了。**# 只能说，贝尼尼这个姘头，入戏太深 #**

不过俗话说得好，抓贼抓赃，抓奸抓双。这平白无故的也不能乱栽赃别人。所以贝尼尼用了三十六计中最常用的一计，调虎离山。

有一天，贝尼尼突然留信给卡斯坦莎说，自己要出城几天公干，叫她别想他。但事实上则是，他悄悄地躲在了一旁，开始尾随卡斯坦莎。就这么跟着跟着，终于让他跟到了另一位姘头的家。但刚想蹦出来抓奸的他，突然发现不对头，又仔细看了看床上这对奸夫淫妇的脸。这一看不得了，看得他胸肺脾胃都快要炸开了花!

原来和卡斯坦莎通奸的不是别人，正是他的亲弟弟路易吉·贝尼尼（Luigi Bernini）。

情人与亲人的双重背叛，终于让贝尼尼失去了理智。一怒之下的他，跑回家把为卡斯坦莎写的诗歌、作的画像都砸得一干二净。当然，撕情诗烧旧画，这都还属于理智内的，真正理智外的疯狂行为是他接下来做的事。为了报复这对负了他的狗男女，也为了毁了这份他求而不得的爱，他决定，一刻也不能等，务必要让两人同时受到惩罚！

但他贝尼尼就算再牛，也无法同处两地，一身分二用。因此，他便吩咐自己的仆人去卡斯坦莎家守着，等她一回来，就用刀子把她的脸划花。叫她这辈子再也不能用那使自己失魂落魄忘乎所以的娇媚容颜去背叛他！**# 论那些年交往过的极品前姘头 #**

这边厢，已安排好对卡斯坦莎的报复，那边厢贝尼尼便抄起家里做道具的铁棍，向他弟弟路易吉家奔去。而与此同时，还沉浸在巫山云雨柔情蜜意里的路易吉突然被人告知，说自己亲哥貌似已经知道了自己与卡斯坦莎的奸情，并且正提着铁棍来势汹汹地往他这奔呢。

路易吉一听，坏了！尽管整个罗马都说他哥是谦谦君子、温润如玉，但作为与贝尼尼同一个娘胎里爬出来的路易吉，可是太知道他哥到底是什么德行了。

他这边刚提好裤子，准备往外跑，贝尼尼就一脚踹开了大门，二话不说就抡起铁棍往路易吉身上招呼。当然，谁也不是傻子，坐在地上专门等挨打，路易吉自然也是如此。他虽说是边讨饶边挨打，脚底下却也不含糊，使出了吃奶的劲儿往老娘的府邸跑。

路易吉好不容易进了亲娘的家门，想着亲哥不看僧面看娘面，也该饶了他吧。可惜他高估了老娘，更低估了贝尼尼对卡斯坦莎那颗狂热的心。反正贝尼尼是已经打红眼了，也不管这是不是老妈的家，揪住他弟，那是一个照打不误啊。

肋骨都快被贝尼尼打折了的路易吉，终于知道这次出大事儿了。如果连老妈都挡不住老哥的怒火，看来这次是真得撂下半条命了。但他还不想死，他没活够啊！早知道贝尼尼对卡斯坦莎如此上心，再给他十个胆子他也是不敢碰的呀！

不过人在危机中，智慧那是无穷的。

路易吉终于想到，这世上还有一股力量可以救他，那就是：上帝。

Bust of Costanza Bonarelli.
《卡斯坦莎胸像》正面图

于是，路易吉拖着他那两根被打折的肋骨，再次用生命演绎了“树挪死，人挪活”这句话的真谛。他趁着老妈阻挡贝尼尼的时机，开始马不停蹄地往教堂跑去。功夫不负逃命的人，路易吉终于在他哥快赶上他时，一溜烟儿地跑进了圣母大殿堂。

为什么说上帝是唯一可以救他的呢？

这不是说上帝真的会为了这点子狗屁破事儿就飞天显灵。而是因为西方教廷素来的规矩是，再罪大恶极的人，一旦到达了上帝的殿宇，便能得到主的庇护。简单来说就是，谁进我的屋，我就罩着谁，谁也不能动我屋子里的人。**# 上帝就是这么霸气，么么哒 #**

贝尼尼呢，则恰巧是一个虔诚的天主教徒，所以看到他弟钻进教堂后，也只能在门外无可奈何地叫骂。**# 论知道对手信仰的重要性 #**

不过路易吉也明白，躲在教堂并非长久之计。毕竟除非你出家，教堂是不会收留你一辈子的。而自己的风流日子还没过够呢，再感激上帝也不能一辈子侍奉他。最终，路易吉合计了一下，决定还是先卷了铺盖到外省避风头去吧。谁知道留下来会不会被贝尼尼生吞活剥了！

这路易吉倒是趁夜逃走一了百了了，可事情呢，远远还没有结束。

这次贝尼尼上演的这出辣手摧花、棒打亲弟的戏码，可是让全罗马人民看了个够。

虽说戏码很黄很暴力，但这点子血腥根本抵挡不住人民群众看戏的热情。

那街头巷尾，真是磕牙的磕牙，八卦的八卦。

这个说，贝尼尼棒打薄情娘啦，被自家弟弟戴绿帽子啦，苦命哦，真是不要脸的奸夫淫妇哦。那个说，贝尼尼本身就是奸夫啦，绿人者，人恒绿之啦。旁边的说，是贝尼尼自己雄风不振，人家小美人才跑掉的，他恼羞成怒，才派人去把美人的脸给划花啦，真真造孽哟。当然，比这难听的话可就更多了。

 # 反正说说又不要钱 #

不夸张地说，没了卡拉瓦乔的罗马城，好久没这么热闹过了。

Bust of Costanza Bonarelli

《卡斯坦莎胸像》侧面图

但与此同时，贝尼尼多年来攒下的一卡车死敌，也从各种流言蜚语中敏锐地闻到了复仇的味道。个个都暗骂，该！终于轮到你贝尼尼倒霉了！

可以说，那些被积压许久的怨恨，如黄河崩堤般，终于爆发了。

第二天天还没亮，罗马城就出现了一批成群结队往梵蒂冈奔去的家伙。这一行人里有画家、建筑家、雕塑家等一系列受过贝尼尼踩压的苦命艺术家。当然，他们如此起早贪黑，可不是为了要跟神父做忏悔。这么团结一心不外乎一件事，那就是告恶状，务必要求教皇给予贝尼尼最严肃的处罚。

可是啊，掐准了天时，掐准了地利，却没掐准人和的他们，完全低估了教皇乌尔班八世（Pope Urban VIII）对贝尼尼的爱。

不管这些人怎么旁敲侧击，教皇就是不松口，总是顾左右而言他。

不过闹得如此满城风雨的事儿，捂是捂不住的。

终于，被一群人天天用期盼的眼神骚扰的乌尔班八世发下了旨意。

一开头就先把贝尼尼各种罪行罗列了一遍。众人一听，纷纷开始赞扬教皇的深明大义。

但听着听着就发现，这些罪行说来说去也无非是什么“有失大体”啊，“公共骚扰”啊。这会儿，就开始有人觉得不对味儿了。

果然，到最后就发现，“放仆行凶”“当街打架”之类的罪状，也不过就是在收尾处轻描淡写地提了一句。

听话听音，都说到这儿了，这群人再傻也都明白，教皇这是赤裸裸地在护短，想大事化小，小事当没有呢。

但更气人的还在后头呢。

Pietro da Cortona, *Portrait of Urban VIII*, 1624-1626.

皮得罗·达·科尔托纳，《乌尔班八世画像》，1624-1626年

旨意上又继续说了，贝尼尼那些过激的行为都是情有可原，都是迫不得已，人类无法控制的。况且人非圣贤，孰能无过呢。这一切的一切，不过是因为卡斯坦莎这妇人不守妇道，而后来贝尼尼又受到了恶仆的唆使，才导致了一系列的后果。

当然，贝尼尼也有错。他错在太容易相信他人，错在感情太丰沛，错在他的真性情，错在一颗赤子之心难以控制自己的脾气。 但是，看在他如此惊天地泣鬼神的艺术才华分儿上，一切罪行将都被赦免。毕竟，他的那些建筑雕塑作品，都是利在百姓、益在社稷、功在千秋！所以，切切不可为了一点小罪就把大功给抹杀掉。

最后，在旨意结尾处宣判了惩罚：罪妇卡斯坦莎被判进了修道院去反省自新，而“唆使”贝尼尼划花美人脸的“恶仆”则被判了流放。至于太傻太天真的贝尼尼，则被判娶妻。钦此。

是的，你没看错，就是“娶妻”。

 # 这教皇的心眼儿真不是一般的偏 #

而这群等着贝尼尼倒台，好去踩上两脚的艺术家，差点被教皇这明目张胆的偏心眼儿给气出了神经病。

就在他们敢怒不敢言，为自己的窝囊自抽嘴巴子的时候，有一个人站出来了。

众人一瞧，嚯！这不正是贝尼尼的亲娘吗！

俗话说得好，小儿子，大孙子，老人家的命根子。这教皇的心再偏，也偏不过亲娘的。

Gian Lorenzo Bernini, *Bust of Pope Urban VIII*, 1632.
济安·洛伦佐·贝尼尼，《乌尔班八世胸像》，**1632** 年

贝尼尼的老妈对教皇这种明罚暗赏的旨意非常愤怒。

她才不管谁对谁错，谁勾引了谁的情妇呢。在她看来，做哥哥的贝尼尼打弟弟就是反亲娘，反祖宗，反地球！

居然连肋骨都打断了不说，最后还搞得小儿子如丧家之犬一般，逃走避难。天老爷哦，贝尼尼老妈别提多心疼了。

为了替小儿子撑腰，贝尼尼老妈开始把向教皇告状当成了人生第一大正经事，就是磨也要磨出点教训给贝尼尼尝尝。

而事实证明，这世上没有大妈们干不成的事儿。**# 大妈们的唠叨，堪比核武器 #**

就连教皇也抵抗不住贝尼尼老妈连番的疲劳轰炸。

换谁谁也受不了动不动就蹿出来喊冤的家伙啊。更可恨的是，这人你还罚不得，骂不得，轻不得，重不得。

换了别人这么没眼力劲儿，教皇早怒了。但谁让她是你宠臣的老妈，而且人家喊打喊杀的也是自己的儿子，搞得教皇连一句“狗拿耗子”都骂不出口。

教皇心里也明白着呢，别看这些廷臣一个个平时嘴里都跟自己亲着呢，动不动就“最最圣洁的教皇大人啊”“最最亲爱的人间之父啊”什么的，但真要和自家老妈比起来，还是老妈要亲上那么一些。

所以，为了将来他和贝尼尼二人依然能和和美美君臣相得，也为了赶紧摆脱这位老娘牌狗皮膏药的无休止折磨，更为了让贝尼尼赶紧完成答应自己的各种肖像雕塑，教皇最终下旨让贝尼尼上缴罚款些许，以示训诫。

当然，在贝尼尼老娘与众人的眼里，这依然算不上惩罚（贝尼尼的钱多多啊，他这些年都快把整个艺术圈的钱挣遍了），但既然教皇已经让步，再啰唆就是自取其辱了。

就这样，贝尼尼这场掀起了好一阵子腥风血雨的恋（奸）情，便这样雷声大，雨点小地落幕了。

一点后续：

你问卡斯坦莎哪儿去了？她哪儿都没去，还在罗马。

之前被教皇勒令送往修道院改造的卡斯坦莎，没过多久又被送了出来。

这个连贫穷都没有困住她的女人，在美貌所剩无几的情况下，不负众望地凭着她那与生俱来的弯弯肠子与早年便开始修炼的无敌 IQ，从修道院杀了回来。

而她那软弱的老公，则连抵抗都没有抵抗就被瞬间勾搭得回心转意。两人居然顺理成章地和好如初，并开始携手做生意，贩卖艺术品，最终成为罗马城首屈一指的艺术品经销商，尼古拉·普桑(Nicolas Poussin)与克洛德·洛林(Claude Lorrain)都是他们家常来常往的座上宾。源源不断的生意，让这对土豪夫妻，过上了更加酒池肉林般的生活。

更让凡夫俗子们跪拜的是，卡斯坦莎居然以四十五岁的高龄，诞下了一位掌上明珠，让她老公更是爱她爱到死心塌地。以至于死后的遗嘱上还肉麻地写道："我将我今生所得的一切财产都全权留给我最好最完美最心爱的妻子卡斯坦莎。"

 # 别问我她怎么办到的，我现在只想穿越回去，求她收我为徒！ #

至于贝尼尼呢，依然高高坐在一哥宝座上，用自己的下半辈子和取之不竭的泼天才华继续藐视着那些不如他的芸芸艺术家。

值得一提的是，经历过这场情杀的他，在教皇的反复催促下，终于结婚了。

由乌尔班八世亲自做媒，新娘是一位号称靓绝罗马城的大家闺秀。据称，这位千金小姐，不仅貌美如花，且温柔可亲，贤良淑德恭俭谦让得堪称当世女子的楷模。**# 乌尔班八世，真乃教皇界的良心 #**

可尽管前有教皇袒护，后有美人下嫁，对贝尼尼来说，此生终究是意难平。

到最后，他也没舍得砸掉那尊二人情正浓时所作的半身像《卡斯坦莎》。

人这一辈子中，总会有些看也不愿看，留也不能留，毁也不能毁的东西。是物，也是情。

但该断的还得断。

像是为了让一切有个了断，贝尼尼又制作了一尊相仿的半身雕像。

只不过这次，毒蛇代替了卷发，远黛改成了愁云，眉鬓含羞带嗔的美人则变成了妖蛇盘发的美杜莎。

而一对儿人，最终也变成了他和她。

令人好笑又好叹的是，这二人后半生的住宅，居然不过隔着几条街。

可两人的人生，却从此各走南北，咫尺天涯。

曾经爱到缠绵入骨，恨到惊天动地的两个人，这辈子也就这么各自过去了。

而这篇八卦到此也该结束了。

不过，一个你猜不中开头的故事，一般也会有一个你猜不中的结尾。

Gian Lorenzo Bernini, *Bust of Medusa*, 1644-1648.
济安·洛伦佐·贝尼尼，《美杜莎胸像》，1644-1648 年

Giovanni Battista Gaulli, *Portrait of Gian Lorenzo Bernini*, 1665.
乔凡尼·巴蒂斯塔·高里，《济安·洛伦佐·贝尼尼老年时肖像》，1665 年

谁能想到，这两位生前恩怨两清、再无交集的男女，却在死后被葬进了同一所教堂里，长眠之地相隔不过数十米。

到底是巧合，还是这二人之间的黑色幽默，其实也已经不重要了。

这一生，
恋过，爱过，恼过，恨过，
情最浓时情转薄，
乍暖还寒后，各奔东西。

余生从此陌路，谁承想，亡后却永驻同窟。

真真是，世事难料，白驹过隙，一眨眼，便已斗转星移。

 # 致那些年我们怎么也放不下的情杀 #

The End

彪悍才女阿特米西亚

奸污酷刑屡折辱　寒梅何曾惧霜花

不幸，是催她生傲骨的泥土。

流言，是送她上青天的好风。

从掌上明珠到当庭受辱，

从天真无邪到精明世故，

阿特米西亚咬紧牙关，走过绝境，步履从容。

画笔为她招来厄运，

画笔也终救她脱离困境。

高标逸韵君知否？

正是层冰积雪时。

北风过境，百花凋零。

枝头只留下了一朵暗香盈盈的雪中花。

Artemisia Gentileschi, *Judith Slaying Holofernes*, circa 1620.
阿特米西亚·简提列斯基，《朱迪斯砍下何洛芬尼的头颅》（相传此朱迪斯乃阿特米西亚自画像），约 1620 年

这篇是大艺术家八卦中的最后一节，讲的便是之前所提到过的“三桩公案”中的最后一桩：阿特米西亚（Artemisia Gentileschi）被奸案。

虽然被排在最末，但光听名字便知道，这段八卦的狗血程度一点也不亚于前两篇。

实际上，这段八卦的确切案发时间，是在第一篇(卡拉瓦乔)与第二篇(贝尼尼)八卦之间。

地点，则还是那个天天都能出稀奇事儿的罗马。

不过此时的罗马艺术圈，正处于一个青黄不接的状态。卡拉瓦乔刚刚因人命官司，被放逐了出去，而上一篇说到的贝尼尼则还在求师中，是个毛没长齐的小学徒。

当然，这不是说罗马的艺术家们都统统瞬间死绝了。

正相反，卡拉瓦乔滚蛋后，蹦跶出来的人更多了。

这其中包括画风与拉斐尔一脉相承的卡拉奇兄弟（Caracci Brothers），和他们带来的那些一个赛一个有天赋的学徒：有擅长将画作人物戏剧化的乔瓦尼·兰弗朗哥（Giovanni Lanfranco），也有与前者陷入抄袭纠纷的多梅尼基诺（Domenichino），还有风格随着市场多变非常墙头草的圭多·雷尼（Guido Reni）。

值得一提的是，这些相爱相杀的同门师兄弟，都将成为罗马大装修时代的主力军，也就是教科书上所谓的巴洛克古典主义派的代表人物。

Artemisia Gentileschi, *Self-portrait as the allegory of Painting (La Pittura)*, **1638-1639.**

阿特米西亚·简提列斯基，《隐喻画自画像》，**1638-1639** 年

但在这些人中，要说有谁能技压全场，成为领头人，那却是没有的。

你说这是百花齐放也好，半斤八两也罢，总之此时的罗马艺术圈，就是谁也不服谁。

想来也是，大家差不多都是一块儿出道的，谁也不比谁傻，凭什么你做老大？

你会的，我也会，我不会的，你也好不到哪儿去。

Annibale Carracci, *Self-portrait*, circa 1590 -1600.
安尼巴莱·卡拉奇，《自画像》，约 1590-1600 年

反正就是，谁也甭想压谁。

唯一可以排资历、做老大的安尼巴莱·卡拉奇（Annibale Caracci）却又因为某个说不清道不明的事患了忧郁症，英年早逝，早早去上帝那领盒饭去了。以至于罗马艺术圈开启了长达十年的群龙无首时代，一直待到贝尼尼的到来才终结。不过此乃上节的故事，这里就不再多提了。

而就在这一窝谁都看谁不顺眼的人群里，有一位咱们的老熟人，也就是卡拉瓦乔那篇中叫你们记住的那位仁兄，卡拉瓦乔的左右手、好兄弟奥拉西奥·简提列斯基（Orazio Gentileschi）。

老话说得好，物以类聚，人以群分。而作为卡拉瓦乔少数能说得来、哥俩好的奥拉西奥，自然也不能是什么省油的灯。

我们在卡拉瓦乔的八卦中提到过，不像那个玻璃心巴格里奥内，奥拉西奥抱卡拉瓦乔大腿那可叫一个快。当然，作为头一批向卡拉瓦乔投诚的人，奥拉

Orazio Gentileschi, *Public Happiness Triumphs over Danger*, circa 1623.
奥拉西奥·简提列斯基，《代表公众幸福的寓言人物》，约 1623 年

西奥抱得快，卡拉瓦乔接得则更快。两人就在这一抱一接中结义成盟，还真抱出了真感情。卡拉瓦乔除了把自己的作画方法传授给奥拉西奥外，还把奥拉西奥介绍给自己的贵人主顾们，让一直处于二三流阶段的奥拉西奥，也终于认识了些罗马的顶级大买家。

说实话，比卡拉瓦乔大了快十岁的奥拉西奥，在卡拉瓦乔到来之前，就已经在罗马混了快十年。但在这十年当中，他除了混了个脸熟外，真心没混出什么名堂。

怎么说呢，就算从一个艺术史学家的角度，不单看他早期罗马的作品，而是把他这一生的作品从头检验到尾，到头来真心能给他的评价也不过是“中庸”两字。

当然，这并不代表他连一幅让人惊艳的作品都没有。正相反，留在法国宫廷的《代表公众幸福的寓言人物》就是他难得的佳作。

不过到头来说白了，艺术史上多他一个奥拉西奥不多，少他一个不少。

也就是说，有他没他，艺术史还是那个艺术史，走势非常的相同。

不含糊地说，他这一生，出身中庸，做人中庸，画得更是中庸。

但就是这么一个本该一辈子毫无波澜中庸下去的人，却碰上了两个在他人生中掀起滔天巨浪的家伙。

不过，也正因如此，今天在我的八卦中会有他的一席之地。

第一个人，说的便是卡拉瓦乔。卡拉瓦乔可能负了天下人，但对奥拉西奥却是够意思，妥妥的。如果没有当年卡拉瓦乔拉扯他那一把，奥拉西奥不知要混多久才能混入罗马贵人们的眼，也就更别提什么名留青史了。

第二个人，便是这篇八卦的女主角、奥拉西奥的大女儿阿特米西亚·简提列斯基。

这位姑娘，可谓是奥拉西奥的宝贝。

作为简提列斯基家的长女，老妈很早就挂了的阿特米西亚，从小便跟在画家老爸身边长大。耳濡目染下，她很快就显示出了过人的绘画天赋。

虽说没到从娘胎里就会画画这么夸张的地步，但就对色彩的搭配、人物的描绘，甚至细节的处理看来，阿特米西亚的天分要比她两个弟弟好得太多。

奥拉西奥也明白，有些东西，就是天生的，教是教不会的。

很快就认命的奥拉西奥，开始重点培养这个大女儿。至于儿子什么的，有兴趣就教，没兴趣就随他去吧。**# 作为一个画家老爸，他非常想得开 #**

不仅如此，他还对阿特米西亚的生活方面也严格要求。不许她轻易出门，不许她和陌生人乱搭话，更不许她随便跑到街上乱逛。哪怕在家里经济情况最拮据的时候，也要拨钱出来雇一位保姆看护她。

这一切神经兮兮的要求，其实都是因为当时的文化。

当时罗马的风气非常两极化。

大部分未出嫁的姑娘，可以算是大门不出，二门不迈的。

这种跟圈猪似的养法，其目的和我国那些曾经锁在闺阁中的女子一样，说到底还是为了贞操。

你不要看现在意大利人都开放到分分钟选 A 片女星做国会议员无压力 。17 世纪的意大利社会，可没有开放到如此地步。

总之在当时，那些街上可以随便看到的大小姑娘，都会被看成不是正经人。

不过，话也不能说死，毕竟人是活的。

要说规矩这东西，对极富贵与极穷困的人都是不管用的。

那些站在社会金字塔顶尖的人群，根本不屑规矩这东西。

本来嘛，规矩就是这些人定的，守不守的都是要看心情。

高兴呢，就守一守；不高兴呢，就呸！老娘爱干嘛就干嘛，滚边儿去！

豪门贵女们，如教皇亚历山大六世（Pope Alexander VI）的女儿、又美又毒的露克蕾西娅·波吉亚（Lucrezia Borgia），还有后来成为曼图亚侯爵夫人的伊莎贝拉·德·埃斯特（Isabella d'Este），都曾是文能舌辩众儒，武能策马扬鞭，进出宫廷与战场若无人之境的豪门女公子。

对于那些穷困潦倒，恨不得明天就去吃树皮啃草根的人来说，规矩更是不值得一提。

他们都朝不保夕了，没有成帮搭伙地去打家劫舍就已经很对得起良心了。

若是硬叫这种人家的女孩儿天天像个大家闺秀一样在家弹琴绣花肯定是不现实的。

这两种人，一个是不屑守规矩，一个是不能守规矩。

出发点虽不同，但殊途同归，社会总会对他们睁一只眼闭一只眼。

而奥拉西奥·简提列斯基，可以算是第二种人。

Titian, *Portrait of Isabella d'Este*, circa 1534-1536.
提香，《伊莎贝拉·德·埃斯特画像》，约 1534-1536 年

艺术家这个头衔听上去体面，但从古至今其实就是个朝不保夕的行业。

真正靠搞艺术发家致富、晋升上流社会的还是少数。

跨越阶级，是件不分朝代、种族、地点都难于上青天的事儿。

历史长河中有太多人用生命告诉我们：光有才华，那是不靠谱的。

前有文艺复兴时期的拉斐尔和米开朗基罗，后有巴洛克的贝尼尼，这些艺术圈一哥都是靠着七巧的心思与过人的才华，以及那最重要，也是最难得的运气，才爬上能与大贵族们把酒交欢，与小贵族们平起平坐的地位。

很显然，奥拉西奥既没有这种泼天的才气，更缺少能扭转乾坤的时运。

因此，自从卡拉瓦乔被放逐后，他接到的活儿就越来越少。说下顿不接上顿可能有些夸张，但家里总无余粮倒是真的。

很长一段时间，奥拉西奥还被逼得拖家带口地和别人合租房子。可见这日子过得有多凄惨了。

所以说，他家的女儿就算出现在公共场合，像是上街买个菜啊什么的，也不会有人说什么，毕竟穷人的孩子早当家。

但奥拉西奥亏了什么也不肯亏了他这大女儿，死也不让阿特米西亚抛头露面，恨不得把她藏得比大家闺秀都严。

其实奥拉西奥家里这么穷，还真不能怪他。

不是奥拉西奥的画工不好，而是罗马那地方，客户多，需求多，但画画儿的人更多。

在粥多僧更多的情况下，那些既不伶俐，又无拿手绝活的画家，自然被排挤到了最外围。

而且奥拉西奥还有一处硬伤，那就是他不太会画透视。

从 16 世纪末开始，艺术家们就开始从意大利各地成帮结伙地拥入罗马城。

这些画家雕塑家，这般不辞辛劳千山万水地跑到罗马来，自然不是为了看看教皇挥挥手就完了。

他们之所以背井离乡千里而来，不为别的，永远只会为财。

罗马从 16 世纪末开始，便开启了长达两个世纪之久的大装修时代。

一代又一代的教皇期望的是把那代表陈旧腐破的中世纪罗马城全部销毁掉，然后，用“现代的”“先进的”“光明的”巴洛克建筑来取而代之。这样大兴土木的主要目的，其实还是和教皇稳定宗教统治有关，在这里就不多赘述了。

而在这些拆了又建的过程中，除了搬砖工外，最需要的就是装修工人。

毕竟谁家屋子建好后，也不能就白不呲咧地住进去是吧。

Pietro da Cortona, *Triumph of Divine Providence*, 1633-1639.

皮得罗·达·科尔托纳，《神意的胜利》，**1633-1639** 年

千万不要看不上装修工。

装修工这个职位，便是那些跋山涉水一窝一窝跑来罗马的“艺术家”的最终目的。

在当时，这群艺术家能为了一个好的装修项目打破头。

他们的工作就是给这些新建好的巴洛克建筑做最后的装饰。例如，在建筑内外添上需要的大小雕塑和各种修饰细节。

不过最抢手的活儿还是建筑内部的绘画雕饰，尤其以天顶画为首要。

天顶画之所以最重要，原因很简单：因为它是这建筑里面积最大的。**# 量的取胜 #**

面积大不仅代表报酬多，它更代表会有更多的人看到它。

看到的人多了，粉丝就多了，粉丝多了，你就红了。**# 变红的一个亘古不变的公式 ## 送给所有想红的人 #**

画一幅天顶画，虽然不能保证你千古留名，**# 毕竟不是人人都是米开朗基罗 #** 但保你留名百十年还是没问题的。

而天顶画的兴盛，让它在短短一百年内，已经从米开朗基罗稍有三维倾向的“西斯廷系列”，进化成了皮得罗·达·科尔托纳（Pietro da Cortona）《神意的胜利》这般可以通天入云好似神境般的样子。

为了画好天顶画，艺术家们可说是绞尽了脑汁。**#说实话，也是蛮拼的#**

而画好天顶画的首要条件就是需要能熟练地掌握透视。

画家要是不懂透视，便无法把二维的平面给三维化。画工再好，那也无法接到天顶画这种有名望的活儿的。

这也是为什么奥拉西奥·简提列斯基一直处于罗马艺术圈的边缘地带。

因为他充其量算是一个不错的人物画家，但一说到画透视，那就分分钟掉链子。

当时的情况是，哪怕你的画工一般，但只要透视玩得明白，你都能跟主顾们搭上话，接下天顶画的活儿 so easy。

反正画工不好不用怕，直接再雇用几个画工好的帮你不就完了。

这样一个承包模式，让罗马城内懂透视的画家都成了艺术圈内的抢手货，人人都想套近乎，分杯羹。

这篇八卦中的男二号阿古斯提诺·塔西（Agostino Tassi）便是这其中之一。

不过，这可不是言情小说中能为你承包鱼塘的男二号。这位男二号是个彻彻底底的反派。

如果说卡拉瓦乔是一个爱头脑发热到处斗蛮耍横但还有几分真性情的傻流

氓，那么塔西则是一个下流龌龊心思狡诈为人肮脏至极的真恶棍。

他早年未到罗马时，就声名狼藉。

在他还是个少年时，便强奸了他第一任妻子，被迫娶了她后，他又看上了弟媳妇。把弟媳妇也奸污了不算，他还嫌弃妻子碍事儿，蓄谋把她杀掉，好把配偶这栏给空出来留给未来更符合条件的白富美们。**# 不能离婚的年代都太可怕 #**

他还因为偷窃罪被逮捕过，被此领地的侯爵扔进奴隶群里服役。

不过经过岁月的洗礼后，塔西变得更加成熟了。**# 呵呵 #**

时间教会了他更多狡诈的心思与邪恶的伪善，让他越加轻车熟路地招摇撞骗。

从奴隶群里出来后，塔西又继续四处游荡，靠着他那二把刀的画工到处接活儿。

一听说罗马机会多后，他也随着一大拨艺术家到了罗马。

没想到，到了罗马后，他那唯一有几分真才实学的透视画法，反而让这昔日人人喊打的家伙变成了香饽饽。

不要小瞧了透视画法。这还真不是谁都能会的。

你不要看什么达·芬奇、米开朗基罗都会画，就以为这东西多容易。

恰恰相反，透视画法非常难学。**# 否则大师不得遍地都是 #**

欧洲人历经了两个多世纪，到了文艺复兴时期，才渐渐算抓住了画各种透视的窍门。

对大部分 17 世纪的欧洲人来说，透视画法还是有些小神秘的。

尤其，在凹凸起伏的建筑上画透视比单纯地在画布上画更难。

画布画坏了，顶多再扯一张重画，没压力；可你要是把人家墙壁或天花板给画坏了，你就等着被追杀吧。

塔西对透视画法的掌控还是很有两把刷子的。

可他的画工实在是太一般，以至于他每次接下天顶画这种大活儿时，都要再雇上一堆画家帮他完成细节。

就这样，他一方面忽悠贵人们把自家天花板承包给他，一方面再雇用那些吃了上顿没下顿的屌丝画家来帮他。

对于那些不明就里的人来说，这些屌丝画家都是塔西的团队，到最后一说起到底这天顶是谁画的，想到的还是他塔西的名字。

也就是说，到头来，塔西没干什么活儿，却名利双收。

是的，塔西做包工头做得很开心，一点也没有想提升自己画画水准的意识。

Orazio Gentileschi and Agostino Tassi, *A Musical Concert with Apollo and teh Muses*, circa 1611.
奥拉西奥·简提列斯基与阿古斯提诺·塔西，《一场与阿波罗和缪斯的音乐会》，约 1611 年

但随着他在包工头界的名气渐长，主顾的档次也跟着水涨船高。

他也明白，这些大贵族的房子可不能拿三四流的画家来敷衍了事。可稍微好一些的画家，名气已经有了些积淀，价钱也肯定会贵些，更重要的是，他们肯定不会像之前那些没名气的画家一样肯听他呼来喝去，更有甚者，可能还会把自己的顾客勾搭走。

就在这价钱与质量两难全的时候，塔西终于碰上了奥拉西奥这个快穷成狗的二流画家。

一个缺财，一个缺艺，两人一拍即合，成了酒肉搭档。

你别说，两人刚开始合作得还挺愉快。

奥拉西奥画工不错，小有名气，又穷得不会坐地要价，更关键是对天顶透视一窍不通。这样塔西就一点也不担心自己的客户会被他挖走，他甚至放心大胆地在外宣称奥拉西奥是他的平等搭档，还顺便洗刷了别人说他为人奸猾爱抢功劳的名声。**# 说呗，反正说好话又不要钱 #**

奥拉西奥呢，也觉得塔西这人够朋友。虽然为人计较，又很小气，但总的来说还是没大问题的。

当然，这时的奥拉西奥没想到，塔西会成为他简提列斯基一家的噩梦，并是毁了他深藏多年的大宝贝女儿的罪魁祸首。

这一切都因为，他不仅没看穿塔西的下流本性，还引狼入室地叫塔西来做他女儿阿特米西亚的老师。

前边说过，奥拉西奥对这个天生就有画画天赋的大女儿期望很高。

他之所以穷得响叮当也要把女儿当大家闺秀养，是因为阿特米西亚是他手中的王牌。

奥拉西奥很有自知之明，他明白自己充其量就是个二流画家，还是个不招人待见的二流画家。

但他女儿不一样。阿特米西亚有希望变成比一流还牛的画家：一位女画家。

自从文艺复兴开始，欧洲画坛上渐渐开始有了女画家的身影。

她们一般不是出身不俗，能请得起私人画师，便是父兄也是画家，可以耳濡目染。

以上这些条件，令她们在画画的同时，依然能保全个好名声。

毕竟和一群大男人天天挤在一起做学徒画裸模是件非常不体面的事儿。为此，为了名誉，她们无法真正学到人体解剖或用真正的男模特写生。

这也从根本上限制了她们的作画范围。

大部分女画家的主题都停留在了静物画或肖像画上。

而那些被归为更高档次、公众曝光率更多的主题，如大型历史画、天顶画的订单，一般是落不到她们头上的。

不过这并不代表她们不会红。

相反，这些为数不多的女画家异军突起，成功地在这个男性的行当中抢起饭碗。

但总体来说，女画家还是少得可怜的。

女权主义者们为此也作了不少“社会不公”“女性艰难”的文章，在此我也就不多赘述了。

但其实对当时的女画家们来说，人少反而对她们有好处。

正因为她们的稀有，才使得每位女画家都变得跟人人抢手的稀世宝贝般珍贵。

对王公贵族们来说，男画家一抓一大把，有什么好稀奇的；女画家们才是只能偶遇、不能强求的神秘物种。

因此 16、17 世纪那些屈指可数的女画家，就变成了明星般的人物，经常被贵人王公们召见，那些画得好的，还会被国王公爵们邀请去做宫廷画家。

什么是宫廷画家？就是一年给王室画几幅肖像。平时再陪着宫廷里的君主贵族们吃喝玩乐，然后把他们这些吃喝玩乐的样子给画下来的画家。

Sofonisba Anguissola, *The Chess Game (Portrait of the artist's sisters playing chess)*, 1555.
索福尼斯巴·安圭索拉，《象棋游戏》（图为艺术家姐妹们），1555年

换而言之，就是月月有钱拿，但不用月月交画的这么一个清闲又赚钱的职位。

更重要的是，从此你见的人，便从隔壁家的王二麻子，变成了欧洲各国的达官贵人、王公贵族了。混个脸熟后，你将来的孩子孙子们的金主没准都让你找到了呢。甚至就算你老了画不动后，宫廷依然养着你。

是的，这就是一个一人得道、鸡犬升天的超级金饭碗。

而对女画家们来说，你还很可能碰到个不爱豪门贵女只爱才华只爱你的贵族高富帅，然后一下子就嫁进豪门了呢。

事实上有好几个女画家都走的是这个路线。

例如，中产阶级出身的女画家拉维尼亚・丰塔纳（Lavinia Fontana），出道没多久，便一跃翻身嫁给个小贵族。

夫妻俩琴瑟和鸣也就算了，这丈夫还是个业余画画爱好者，崇拜拉维尼亚到不行。经常在拉维尼亚画画时，帮她递画笔调色盘。两人简直幸福得令人眼红！

而小贵族出身的索福尼斯巴・安圭索拉 (Sofonisba Anguissola) 更是被米开朗基罗亲口称赞过，从意大利一下子扬名到西班牙。变成了西班牙王后的贴身女官后，又晋升为宫廷画师。更值得一提的是，在最后到该嫁人时，居然是西班牙国王菲利普二世 (Philip II of Spain) 亲自为她挑选如意郎君，如此殊荣实在是令屌丝们眼红不已。不用说，最后选中了一位财貌双全的大王公之子，还附赠了一大堆嫁妆与每年的胭脂零花钱。**# 人生已经达到了不知道该怎么幸福才好的地步 ## 是不是突然也很想穿越回去做女画家？ #**

现在你明白了为什么奥拉西奥没怎么管儿子，反而一心培养这个大女儿了吧。

因为这女儿是简提列斯基家里能当上一流画家、出任宫廷职务、嫁给高富帅、走上人生巅峰的唯一人选。

不过，奥拉西奥寄予阿特米西亚的野心则更大。

他不希望自己的女儿仅仅做一个女画家。他要得更多。

他要让女儿做一个家喻户晓、名满天下的女画家。

Sofonisba Anguissola, *Self-portrait at the easel*, 1556.

索福尼斯巴・安圭索拉，《自画像》，1556 年

他要让女儿有一天能凭自己的名气接下大型历史画和天顶画这种名留千古的大订单。

这也能解释为什么在阿特米西亚画工已经娴熟的时候，奥拉西奥依然为她请来了塔西做老师。这一切都是因为，他想让阿特米西亚学会自己一直都无法掌握的技法：天顶的透视画法。

而阿特米西亚也用从小就显示出来的过人天赋告诉她老爸：这一切的煞费苦心，都值得。

在她年仅十七岁时，便凭着一幅历史画《苏珊娜与长老》而一炮成名。

这幅历史画，并没有留下任何主顾下订单的记录，所以极可能是阿特米西亚进入罗马艺术界的试剑之作。

很显然，她赌对了。

这幅画的构图、着色，对人物之间表情和心理互动的描绘都堪称上上品。

不夸张地说，就这一幅画便已经秒杀她爸一百幅。

阿特米西亚把卡拉瓦乔式描绘自然主义的激烈手法和卡拉奇（Carracci）一脉的博隆尼亚古典主义派（Bolognese School）的静谧画法成功地结合了起来。

所谓历史画，主要就是描绘圣经神话等有叙述主题的画作。
历史画之所以比肖像画难画，就是因为画中的人物都不能是静止的。

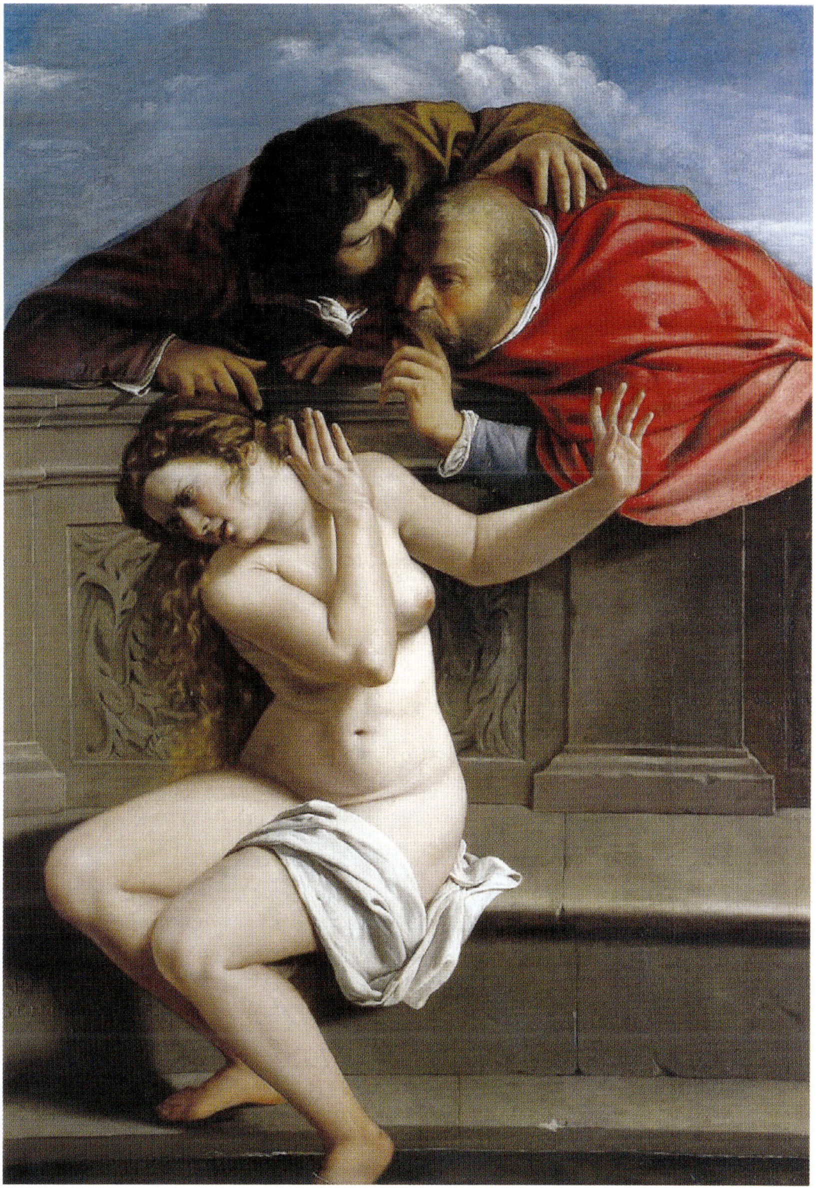

Artemisia Gentileschi, *Susanna and the Elders*, 1610.
阿特米西亚·简提列斯基，《苏珊娜与长老》，**1610** 年

每个人物的一举一动，甚至一挑眉、一闭眼，都必须是能说话能交流的。

历史画家们需要把书本上的几千几万字都压缩在一张画布上。

当然，光是描绘故事里的情节，还远远不够。

好的历史画家，必须能把故事中那些无法诉出道明的情感给描绘出来。

这便是一流与二流画家之间的分水岭。**# 形好画，神难画 #**

同样一个故事，大师如提香（Titian）和鲁本斯（Peter Paul Rubens）便能把故事中那些人的野心欲望、爱恨情仇都绘画出来。而奥拉西奥之流却只能达到形似这个境界。

就这点来看，阿特米西亚要比她老爸强多了。

就算和后世大师名家们相比，她笔下的人物也是毫不逊色的。

就拿这幅《苏珊娜与长老》来言，阿特米西亚便把这个由来已久的陈旧主题画出了新意。

《苏珊娜与长老》取自《但以理书》，是《旧约》众多无下限的故事之一。

内容主要讲的是，两个族中长老对族中的富商之妻（苏珊娜）起了不轨之心。更狗血的是，这两人趁着苏珊娜一次沐浴时试图强奸她，并声称若是不从，便要告她与情人通奸。

Alessandro Allori, *Susanna and the Elders*, 16th Century.
阿里桑卓・亚洛里，《苏珊娜与长老》，16世纪

苏珊娜呢，作为旧时代最推崇的刚烈好女子，自是把贞操看得比天大，那是万死也不能从的。

想当然，这位能走动的贞节牌坊自然就被这俩猥琐老男人给告上了法庭。不过别怕，故事的结局还是邪恶被正义打败，真相大白于天下，人间从此只剩爱和美 blablabla。

但那些后来的事儿，都与这幅画的主题无关。

这幅画画的不是开头，也不是结尾，而是故事最高潮的部分，两位猥琐长老在恐吓苏珊娜的那一幕。

想当然，这种生鲜火辣的主题受到了男性艺术家和男性买家的热烈欢迎。

所以在阿特米西亚之前，已经有无数个艺术家画过这主题了。

不约而同的是，这些画家都选择把苏珊娜这个贞节牌坊画得活色生香，更有甚者如阿里桑卓·亚洛里（Alessandro Allori），直接就把她画成了一个表情似喜似嗔的淫娃荡妇。

是的，你没想错。这群画家直接把它当成高大上的小黄片在画。

不要惊慌，这很正常。其实很多西方艺术中描绘女神仙的题材都是有色情主义在其中的。提香的那幅《乌尔比诺的维纳斯》更是在当时就被买走的主顾毫不避讳地称为“那个画着大裸女的画儿”。

Titian, *Venus of Urbino*, 1538.
提香，《乌尔比诺的维纳斯》，1538 年

总之，这种软色情倾向的画，艺术家们画得开心，主顾们买得也开心，大家皆大欢喜，何乐而不为。

但到了阿特米西亚这儿，她却画出了新意。

有别于前人那些似羞似荡眼带桃花的苏珊娜，她笔下的苏珊娜，没有欲拒还迎，没有挑逗娇羞，反而满脸都是对这两个强奸犯的怨愤与抗拒，嫌恶与惊诧。

有些人说，阿特米西亚这与前人完全不同的角度，不过因为她是个女人。

这也许是真的。

想来任何女人也无法把一个要被人奸污的女人画出不被侮辱就不幸福的表情。

但这也侧面反映出了阿特米西亚对画中人物各种微妙表情的娴熟掌控。

她这幅画，不仅仅画出了苏珊娜对那二人所提议事情的厌恶与惊怕，更是把这两个意图不轨的老男人对眼前佳人的垂涎与急色给画了出来。

Susanna and the Elders.
阿特米西亚《苏珊娜与长老》局部

阿特米西亚后来的各种作品也展示出了她拿捏画中气氛的过人天分。

不管怎样，阿特米西亚把这老旧的题材，画出了难得的新意，就算放在宏观的艺术史中也可以算是难得的佳作。

可就是这幅让她崭露头角的作品，却也预言了她随之而来的不幸。

这一切还是源于奥拉西奥请的那位倒霉老师阿古斯提诺・塔西。

这位前强奸犯被奥拉西奥给请进家门后，教着教着就把人家女儿给教到床上去了。

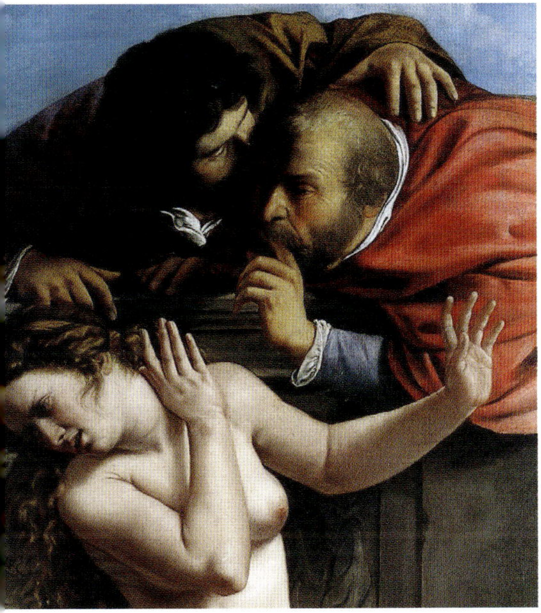

其实这也真不能怪奥拉西奥识人不清。来到罗马后的塔西把过去那些事儿都捂得严严实实的，所以根本没有人知道他是这么个人面兽心的东西。

当时还有另一位奥拉西奥的朋友作为陪护跟在阿特米西亚身边，外加奥拉西奥雇用的姆妈，这种左青龙右白虎的架势，换谁也该觉得万无一失了吧。

但这人要倒霉，那是天注定的。

谁能想到这三个人一起背叛了奥拉西奥呢？原来那位做陪护的朋友也垂涎阿特米西亚已

久，并且对奥拉西奥那一直以来都小心翼翼的样子很不屑。**# 真真是不怕贼偷，就怕贼惦记 #**

那位被雇来做姆妈的中年妇女则对奥拉西奥一直不肯给她涨工资这件事颇有怨言，所以塔西轻而易举就买通了这个内应。

就这样，这三个人各取所需，一拍即合。

趁着奥拉西奥不在家的时候，那位《水浒传》中王婆附身的姆妈便递信给塔西，塔西便叫上那位做看护的朋友一起冲到了阿特米西亚那里，不由分说地把她给强奸了。

所谓“时也运也命也”说的就是这三人碰到一起的那一刻吧。

命中注定他简提列斯基一家有此一劫。

阿特米西亚和奥拉西奥估摸着做梦也没想到这三人会蛇鼠一窝，做出这等道德沦丧之事。

更令人恶心的是，事情完了以后，塔西居然还厚颜无耻地提出两人应该继续在床上“联络感情”。

阿特米西亚最初自然是不从的。

可没想到，这三人竟然开始围攻她，威逼利诱地恐吓她不准声张。

这个说“木已成舟，你就从了吧”，那个说“闹出去对你的名声也不好”。

当然，最无耻的还得属塔西。

就像所有猥琐男一样，他居然以承诺婚姻做借口来为自己的罪行开脱。

在三面夹攻下，年仅十七岁的阿特米西亚屈服了。

她抱着“只要嫁给他就一切会好”的心态，答应了这个禽兽。

以至于事后，塔西在姆妈的掩护下，又多次跑到阿特米西亚这里来“联络感情”。

可每当阿特米西亚催促他履行婚约时，他便顾左右而言他，一拖再拖。

就这样，两人又持续“联络”了九个月的“感情”，塔西依然没有提结婚这茬儿。到此，再傻再天真的姑娘也该明白了，人家压根儿就没打算娶她。

已经顿悟的阿特米西亚思来想去，还是决定告诉她老爸奥拉西奥。

可想而知，奥拉西奥听了前因后果后那排山倒海的愤怒。

他珍藏这么多年的女儿，就被塔西给玷污了。

毁了。毁了。
他的期望，他的野心，他的梦，全毁了。
又惊又怒又恨的奥拉西奥，实在是咽不下这口气。

思来想去，还是想要给女儿讨个公道，便扭头把塔西告上了罗马法庭，状告他亵渎强奸罪（当时专门指处女被强奸的一项罪状）。

但极品之所以是极品，就是因为他总会比你我想象的还无耻。

被告上法庭的塔西，居然倒打了一耙，声称阿特米西亚在认识他之前早就和别人有过“不光彩”的关系。而自己呢，则是个被这淫妇勾引的受害者。

塔西很清楚，只要证明阿特米西亚在与自己发生关系前已不是处女，那么他便不会有任何问题。毕竟如果她并非完璧之身，那么这个“亵渎强奸罪”便不成立。

就这样，好似自己笔下的苏珊娜一般，阿特米西亚也因为施暴者的谎言，而被带上了法庭。

更加令她羞辱的是，法庭下令要她被嬷嬷验身，以此来证明自己的清白。

那时的人相信，早早破身并有长期性关系的女子，和最近才被亵渎奸污的少女的私处是有区别的。

我也不知道她们定论“区别”的依据在哪儿，总之，阿特米西亚过关了。

但是此时这个塔西又出了新招儿。

他声称，就算她在碰到自己之前是处女，那也是个行为放荡、举止不检点的处女。

塔西这是想从道德舆论方面把阿特米西亚压垮。

只有这样，他所做的一切才能合理化。

而所有人都会觉得肯定是这个荡妇咎由自取。

为此，他还大费周章地贿赂别人来给他做伪证。

但因为奥拉西奥从小藏女儿这件事早有不少人耳闻，所以双方各执一词，互相对骂，搞得法官也不知如何判决才好。

最后法官也没办法，只得祭出大招，叫阿特米西亚接受“夹指之刑”。

这是一个把十指都用器具夹住的酷刑。据说，如果在十指钻心的情况下，犯人还一口咬定自己是冤枉的，那么她就是冤枉的。**# 这都什么逻辑啊 #**

nbscrew: a torture instrument which first used in medieval Europe.

夹板：起源于中世纪欧洲的刑具

一般人到了这里，只要不是什么杀人重罪，都会认了。

那时很多非人命的司法案件都可以最后以钱财解决，就算那官司没打赢，也顶多是败诉而已，谁也不想为了点钱就去受皮肉之苦。

可没承想，这阿特米西亚是个硬骨头。

她不能认，也不愿认这莫须有的罪名。

居然到最后就这么硬生生地扛了下来。

法庭众人也一时被惊呆了。

塔西也没料到阿特米西亚这十七岁的小姑娘这么狠，居然拿出了死磕的架势。

这下法官不知道怎么办了。

本来上边的意思是想和稀泥，最后罚塔西些钱财也就算了，赶紧地把这糊涂官司给结了才是正经事。这些贵人还想催着塔西赶紧地给他们装修房子呢。

但谁也没想到这案子这么难判。

先是塔西抠门不肯掏钱补偿。这不掏钱也就算了，居然雇了一堆人做伪证，让这案子越来越乱。

另一方面是简提列斯基一家强硬不妥协的作风。

奥拉西奥压根没想和解，而阿特米西亚则是上了酷刑都咬紧牙关说被冤枉。

法官心想，这可是倒了霉了，两边都这么横，反把他夹中间难做人。

就在此时，案情居然就像苏珊娜的故事一样，峰回路转，有了曙光。

一些新证据被挖了出来。

原来塔西在来到罗马前的那些肮脏事都被抖落了出来。

他曾强奸第一任妻子，然后又与弟媳妇有染，并且试图弑妻，最后还因偷窃罪被发配到奴隶营这些事，罗马的众人还是头一次听说。

这下社会舆论又开始一边倒了。

那时人的逻辑很淳朴：你一朝是恶人，那你一辈子便是个恶人。

大家都开始纷纷嚷着还简提列斯基家一个公道。

这时那几位被贿赂做伪证的人也开始坐不住了。

有几个当场承受不住压力，承认自己做伪证，并且道出塔西曾多次在酒后炫耀自己强奸阿特米西亚的“丰功伟绩”。

这下证据确凿了，法官骑虎难下，只得判塔西有罪，驱逐出罗马。

可事实上，在那些等着他装修房子的贵人庇护下，他也不过就短短离开了几个月。

而简提列斯基一家虽然胜诉，但惨胜犹败。

奥拉西奥给阿特米西亚设想的道路自然是再也行不通了。

就算塔西被判有罪，但已失了贞洁的姑娘，是无法在罗马这个非常传统的上流社会存活下来的，更不要提像拉维尼亚·丰塔纳那般在梵蒂冈出任教廷画师了。

为了让这场风波赶紧平息，奥拉西奥不得不把阿特米西亚急匆匆地嫁给了一个不入流的小画家。

至于那曾经期望女儿能嫁入上流社会的心也更是早早地歇了。

他也没有办法，在那时，被玷污的少女唯一能存活下去的方法就只有嫁人这一个出路。

毕竟人家老公都不介意了，你大众还凭什么乱嚼舌根。

可以说，故事如果就此结束，那便是一出不折不扣的悲剧。

不过好在它没有。

这个故事虽说有了一个不幸的开始，却依然有个不错的结局。

也是，人生低谷都挺过了，从此人生还怕什么。

说是被洗礼了也好，这件事让她顿悟了也好，总之阿特米西亚被世俗解放了。

这世上对女人来说最难熬的一件丑闻都熬过去了，其他的从此就再也不是事儿。

婚后的她和丈夫一起被打包送往佛罗伦萨，奥拉西奥希望他二人在那里躲开这些纷纷扰扰，重新开始自己的人生。

佛罗伦萨自古以来就不属于罗马教皇的领地。

与罗马那个宗教与政治的中心相比，佛罗伦萨在美第奇家族（Medici Family）的统治下，人文气息更浓厚一些，风气也相对更开放一些。

但风气开放不代表人就不八卦。

阿特米西亚与塔西的这场皮肉官司已经传遍了整个佛罗伦萨。以至于她到达后没多久就被一群八卦的家伙给围住了，一群三姑六婆都想从阿特米西亚这里得到一手资料。

这其中也包括美第奇一家的太公爵夫人洛林家的克里斯汀娜（Christina of Lorraine）。

不过精明的是，阿特米西亚非但没有因为这些八婆刺探的眼光而生气，反而开始借机推销自己。

别人问起那段公案时，她更是秉着自己又没错，没什么好遮掩的态度给予答复，然后开始推销自己的各种画。

阿特米西亚这种落落大方不遮不掩的态度倒让她赢得了许多好感。许多名门贵妇纷纷对她伸出了橄榄枝，请她为自己作画，这其中以美第奇家的太公爵夫人克里斯汀娜为最。她不仅对阿特米西亚的遭遇表现出了深深的同情，并且把她收入自己的羽翼下，时常接她来宫廷里聊天作画。

托这位太公爵夫人的庇护，阿特米西亚终于在佛罗伦萨的画坛扎下了根。

 # 瞧，女人也不是只会为难女人 #

在佛罗伦萨开放的人文氛围中，阿特米西亚好似花儿入土鱼儿沾水一般，终于活了过来。

她开始频繁出入美第奇的宫廷，与佛罗伦萨各种精神领袖文人墨客一同谈诗说画。

当时画坛的大名家克里斯托法诺・亚洛里（Cristofano Allori）与现代科学之父伽利略（Galileo）也成了她的私交好友。

更加锦上添花的是，阿特米西亚还成为第一位被录入佛罗伦萨艺术学院的女画家。一时真真是，谈笑有鸿儒，往来无白丁。

而随之解禁的是那才华所带来的野心。

这被捆缚已久的野心，像个压抑已久的夜枭，在松绑的那一刻，一飞冲天，再没回头过。

也许就像王尔德说过的吧：“在过去，丑闻能让一个人魅力四射。”

Scipione Pulzone, *Portrait of Christina of Lorraine*, 1591-1598.

希皮奥内・普尔佐内，《洛林家的克里斯汀娜画像》（美第奇太公爵夫人），1591-1598 年

不可否认，阿特米西亚那令她灵与肉都受到非人折磨的过去，竟然使她变成了传奇。

这一切也许有贵族们的猎奇心理所在，也许也有阿特米西亚自我推销的原因，但总之她红了。

欧洲各地的贵族们都托自己的代理人来向她订画。她成为全欧洲最有名的女画家，所有贵族都以收她一幅作品为荣。

而英格兰国王查理一世（Charles I of England），更是三番五次地请人去邀请阿特米西亚，希望她能来到英国做自己的宫廷画师。

奥拉西奥可能做梦都没有想到，这个曾一度让他以为毁了一切的丑闻，竟会让自己女儿变得名满全欧洲。

最终穿透时间，名满天下。

一个人一次的成功也许是靠运气，但持久的成功必定是靠本事。

阿特米西亚之所以后来能一直红到死，归根结底还是因为她那超出常人的绘画天赋。正如她十七岁时画的那幅《苏珊娜与长老》所显示出来的才情一样，她描绘故事的能力非比寻常。

阿特米西亚最大卖的主题之一便是《旧约》中另一则有关女人的故事：《朱迪斯与何洛芬尼》。不过这次，故事里的女主角不再是只能听天由命的“苏珊娜”，而是一位能蔑视群雄的刀锋美人“朱迪斯”。

Cristofano Allori, *Judith with the Head of Holofernes*, 1613.
克里斯托法诺·亚洛里，《手持何洛芬尼头颅的朱迪斯》，1613年

简单概括一下，朱迪斯是一位漂亮的寡妇，敌军来袭时，带着佣人只身前往敌营，色诱将军何洛芬尼，然后趁着他醉酒之时，砍下了他的头颅。没了首领的敌军立即溃散，朱迪斯的部落则趁胜追击，终于反败为胜。

在阿特米西亚之前，已经有前仆后继的艺术家画过这个题材了。

不过没有哪一个能与她笔下朱迪斯的暴力和血腥媲美。

不同于之前大部分画家，阿特米西亚总会选择描绘朱迪斯割下何洛芬尼头颅的那一瞬间。正如图中所示，她的朱迪斯不似前人那些个徒有美貌，却无真正缚鸡之力的女人。

在这里，她是个眼神冷酷、下手稳准、一往无前的剑客。

她那唯一有些躲避的腰身，更多是怕血溅裙身的下意识动作。

就从订单数量来看，很显然，那些已经看腻了娇弱性感朱迪斯的顾客，更偏爱阿特米西亚笔下的刺客美人。

后世许多史学界心理学家都揣测，这些血腥与暴力是她被奸污后对男人态度的心理真实写照。也有人说，这是她的聪明之处，成功通过这些“女弑男”的题材来贩卖自己的过去和丑闻。让那些买下她画的人，同时买下了她的“复仇”。

她这“以画卖人生”的手法，也许是后世人的牵强附会，也许一切都是因缘巧合，但也许的确正如人们所说的那样，这不过是一场又一场的成功炒作。

他们说得也许不对，也许又都对，那又如何?

历史和人心一样，本来就是立体且易变的。

不管阿特米西亚作画的心里路程如何，作品总还是好作品。

能确认的是，她不仅仅是靠背后的传奇成名的，毕竟再好吃的冷饭，也总有吃腻的一天。

而且，她作为画家的能力若是没有被同僚们认可的话，她也不会成为第一个在佛罗伦萨艺术学院留名的女人。

Artemisia Gentileschi, *Judith Beheading Holofernes*, circa 1612-1613.

阿特米西亚·简提列斯基，《朱迪斯砍下何洛芬尼的头颅》，约 1612-1613 年

曾经，她的作品一度被主流艺术史忽略，其影响力与成就也时常被她背后的流言蜚语所掩盖。

好在那都是过去的事儿了。

现在有关她的研究有很多。

真正剖析她作品的话，还是要从社会背景、风格流派等开始说起。

其余的，不过都是笔者笔下那些无足轻重的八卦。

阿特米西亚这一生，走的是一条比他人都要跌宕崎岖的路。

这条路上，有他人无法比拟的痛，却也有他人难以想象的尊荣。

她悔过、恨过、怨过，也许还爱过。但没有什么使她停下过。

她的人生，没有因为一桩悲剧而静止，反而逆流而上，回到了那命运早早为她设计好的归途，夺回了那本该属于她的桂冠，最终成为艺术史上最耀眼的一颗明珠。

 # 是的，这一生至此足矣 #

The End

Artemisia Gentileschi, *Judith and her Maidservant*, 1618-1619.

阿特米西亚·简提列斯基，《朱迪斯和仆人》，约 1618-1619 年

后记 & 鸣谢

《八卦艺术史》这一书，就像世间万事一般，起先，也不过只是个想法儿。

一个人，一天也许会有上万条想法。但这万千种想法，真正能使人付诸行动、开花结果的，却少之又少。人的懒惰、外界的诱惑、自身才能的限制、天时地利的不和等等，都是这“想法”变成“实物”的重重障碍。

可以说，一个“想法”从生根发芽，到成熟结果，中间所经历的过程不亚于唐僧取经时的九九八十一磨难。

自然，我这本书也不例外。

它能从我的脑海中，走到你们的书架上，本身就是一个奇迹。

也正如唐僧总是会遇到观世音与孙悟空一样，我这一路上也极为幸运，每逢困难，总会遇到了各路贵人们的相助，化险为吉。

自从中学起，我接触艺术史，迄今也有十三载。

这些年，我因求学四处游走，与父母朋友也都是聚少离多。真正一直陪在我身边的，其实也只有这些书本上的历史人物。随着我学位的增长，我接触的一手历史文献也越来越多。我与“他们”的交情，也随之愈来愈深。

我开始知道美第奇一族光辉背后的血泪，也开始理解了卡拉瓦乔张扬跋扈后的辛酸，更明白了尊贵如茜茜公主的无奈。

我挖遍了文献边角、书里行间。

对这些陪伴我左右的“他们”，总是想知道更多更多和更多。

我与“他们”，日日夜夜，厮守神交，随之欢喜，随之惊叹，随之唏嘘。

但这一切的一切，直到我遇见X圆前，都只不过是我脑子里的一个“想法”。

这么多年，“他们”的故事，一直是飘荡在我脑海间的一粒种子；蠢蠢欲发，但总难生根发芽。

直到碰上了X圆，才算是逢遇甘霖，终于怒发成花。

我和她，初次见面就居然分外投契。

我们天南地北，无所不聊；一顿饭下来，便踏遍了浩瀚星辰，万物河山。

那是一种酒遇刘伶、琴逢子期的酣畅；是一种刀剑相逢、终不用独舞的痛快。

当时就想，可恨她早已被苏州大学订下，俩人不能常常见面。

所以，就在她还惦念着那两片鹅肝的同时，我却盘算着如何把她绑在身边，好与她多过招几遍。

至于苏州大学什么的早已被我抛在了脑后

在我三番五次的威逼利诱、连番轰炸下，她终于识相地折服在了我的淫威下，延迟入职苏州大学一年。

然后，我们决定用这偷来的一年时间，借着 @ 艺术圈这个平台，把之前的所谈所想，都化为真章。

我们有个共同的理念，那就是把“艺术”推下神坛，写人人都能看得懂的艺术史。

为了这个共同的目标，我们时时在思想上碰撞，处处用文字与笔尖过招。

如果思想是武功，学术如武术，那么我与她，不知多少次逢月舞刀，挑灯论剑。

《八卦艺术史》也只不过是我们二人切磋后的成品之一。

而书里每篇文章前的散诗引子，也正是 X 圆所撰；是开章，也是总结，更是批悟。

没了它们，这本《八卦艺术史》便不完整。

This book is as much mine, as it is yours

如果说 X 圆是让“想法”遇雨即芽的甘露，那么我的老板，吕建明，则是让这些“想法”安稳生根发芽的泥土。

老板于我，有着知遇之恩。

两年前刚归国的我，在入职通策集团前，虽有一身学识，但对世事还是懵懵懂懂。

这时吕总突然出现，招揽我入通策，让我掌管旗下新媒体品牌《顶层》和《艺术圈》。

这期间，他的理解与栽培，使我的那些“想法”，终于生根落地，有处安家。

也正是因为他对我们的大力支持，让 X 圆哪怕在入职苏州大学后，依然舍不下 @ 艺术圈，与我共同更新至今。

所以在这里，我与 X 圆都要感谢他：感谢他的信任，感谢他的远见，更感谢他的纵容。

没有他，就没有《八卦艺术史》，更没有 @ 艺术圈。

Last, but not least

我还要郑重感谢我的好友、我的“发小”、我的好姐们李静。

在我遇到瓶颈时，你会鼓励我；

在我碰到困难时，你会帮助我；

在我心神大恸时，你会不辞千里地来安抚我。

你陪我哭，陪我笑，陪我吃，陪我醉；

你对我来说，是好友，也是长姐，更是铁瓷。

这本书要是没有你的支持，根本无法准时上架，么么哒！

当然，正如唐僧取经一路不能只靠观音菩萨一般，我这一路走来，也得到了诸多其他不同朋友的帮助：

谢谢胡湖的推荐，谢谢沈璎璎的引见，谢谢 Solo 姐的支持，谢谢任凌云的费心，谢谢郭迎的及时雨，谢谢王路的点评，谢谢会凌的耐心，谢谢我的好友戚蒙用她处女座的精神不厌其烦地一遍遍校对与整理，也谢谢我的教授们的指导，更谢谢我的家人等等。

还有太多太多的朋友，在这里无法一一道谢，但你们对我的支持，我感念于心。

不过，最感谢的还是正在翻看这段文字的你们。

是你们的喜欢，让《八卦艺术史》从一个“想法”，演变成了至今。

 # 这一路走来，花谢花开，你们却都还在 #

祺四

甲午年秋夜，写于日下

附一：《八卦艺术史》人名目录

【1】天下至尊们的八卦

1.1《茜茜公主》

Archduchess Marie Valerie of Austria (1868–1924)

奥地利女大公爵，玛丽·瓦莱瑞

■ “茜茜公主”最后一个女儿，也是她最宠爱的孩子。出生在匈牙利，也被当时的廷臣们戏称为“匈牙利的孩子”。

Archduchess Sophie of Bavaria, Sophie Friederike Dorothee Wilhelmine (1805–1872)

大公爵夫人，巴伐利亚的索菲

■ “茜茜公主”的婆婆，也是她的亲姨母。生性刚强，说一不二，宁可逼着丈夫放弃继承权，也要帮助儿子登上奥地利皇位。性格实际的她，与外甥女兼儿媳妇的“茜茜”十分不合。

Count Gyula Andrássy (1823–1890)

久洛·安德拉希伯爵

■匈牙利贵族和政治家，曾出任匈牙利总理一职。相传与“茜茜公主”有私情。

Crown Prince Rudolf of Austria (1858–1889)

奥匈帝国鲁道夫皇太子

■ “茜茜公主”与丈夫弗朗茨的第三个孩子，也是唯一子嗣和继承人。他与男爵情妇的恋情被百般阻挠，后双双自杀。独子的死，让“茜茜公主”悲恸欲绝，从此余生着丧服。

Duchess Helene in Bavaria (Néné) (1834–1890)

女公爵，巴伐利亚的海伦，昵称奈奈

■ “茜茜公主”的长姐，也是最初皇太后索菲钟意的儿媳妇人选。后因弗朗茨痴恋“茜茜”，退出了这场非正式的婚约。

Duchess Catherine of Cambridge, Catherine “Kate” Middleton (1982-)

英国凯瑟琳（凯特）王妃

■ 当今英国王室第二顺位继承人威廉王子的王妃，人称“凯特王妃”。凯特王妃是英国皇室历史上第一位平民，祖上数代没有任何贵族血统。

Empress Elisabeth of Austria (Sisi), Elisabeth Amalie Eugenie (1837–1898)

奥匈帝国的伊丽莎白（伊丽莎白·阿马利亚·欧根妮，昵称茜茜）

■19 世纪欧洲著名美人皇后。出生于德国慕尼黑，生来就是巴伐利亚公主与女公爵，姐姐是巴伐利亚的海伦。姨母是奥地利的王太后、大公爵夫人索菲。在嫁给表哥弗朗茨后，与婆婆极为不和，一生郁郁寡欢。

Emperor Franz Joseph I of Austria (1830–1916)

弗朗茨·约瑟夫一世

■大公爵夫人索菲的长子。在母亲的扶持下，18 岁便登上奥地利的皇位。与母亲一样，生性务实，但却对敏感浪漫的表妹伊丽莎白“茜茜”一见钟情。宁忤逆母亲，也要迎娶伊丽莎白为妻。

Emperor Maximilian I of Mexico (1832–1867)

墨西哥皇帝马克西米连诺一世

■大公爵夫人索菲的二儿子。在母亲的支持下，登上墨西哥的皇位。最终被墨西哥总统胡亚雷斯下令枪决。他的死让索菲王太后一蹶不振，从此渐渐退出政坛。

Eugénie de Montijo (1826–1920)

法国皇后欧也妮

■与“茜茜公主”并驾齐驱的 19 世纪著名美人。生于西班牙的格拉纳达，父亲是蒙提荷伯爵，后嫁给法国皇帝拿破仑三世。

Ferdinand I of Austria (1793–1875)

斐迪南一世

■ 奥地利皇帝，生来有残疾，曾被人描述为“智力过低，头部过大，四肢过短”。后让位给侄子，也就是王太后索菲的长子弗朗茨。

Prince Philippe, Duke of Orléans (1869–1926)

奥尔良公爵菲利普

■巴黎伯爵之子，法国奥尔良派的中心人物。曾与“茜茜公主”恰巧同一时间在日内瓦度假，因提早离开而躲过暗杀。暗杀者则转而把目光改向“茜茜公主”这位奥地利的皇后。

Prince William, Duke of Cambridge (1982-)

英国威廉王子

■当今英国王室第二顺位继承人。父亲是查尔斯王子，母亲则是著名的戴安娜王妃。现娶王妃为大学时的平民女友，凯瑟琳（凯特）·米德尔顿。

1.2《法奈西家族》

Giulia Farnese (1474–1524)

茱莉亚·法奈西

■15 世纪意大利的著名美人，人称“美人茱莉亚”。丈夫是奥尔西诺，婆婆是教皇亚历山大六世的表妹。经由婆婆牵线，成了亚历山大的情妇。兄长是后来的教皇保罗三世。

Lucrezia Borgia (1480–1519)

露克蕾西娅·波吉亚

■15 世纪意大利的著名蛇蝎美人。是教皇亚历山大六世与第一任情妇唯一的女儿，先后嫁给了三任丈夫。相传与兄长有不伦之恋，且擅长色诱政敌，然后毒杀他们。

Pope Alexander VI, Rodrigo Borgia (1431–1503)

教宗（俗称教皇）亚历山大六世

■ 原名罗德里哥·波吉亚，出身西班牙的教皇。被当时人描述为“英俊潇洒”“精明干练”，且懂得“与人相处”的“政治教皇”。但梵蒂冈在他任职期间不断传出血腥传闻，其子女更是被一桩又一桩的绯闻缠身。

Pope Julius II, Giuliano della Rovere (1443–1513)

教宗尤利安二世

■原名朱利安诺·德拉·罗韦雷，出身意大利的教皇，与亚历山大六世是死敌。在任梵蒂冈期间，到处征战，以扩充教皇领地，被后世称为“军事教皇”。在他的支持下，罗马的艺术界达到了前所未有的繁荣。他的教廷先后请来了拉斐尔、米开朗基罗等一系列艺术家。米开朗基罗的西斯廷天顶画《创世纪》便是为他的教廷而作。

Pope Paul III, Alessandro Farnese (1468–1549)

教宗保罗三世

■原名阿里桑卓·法奈西，出身意大利的教皇，妹妹曾是教皇亚历山大六世的情妇。在任职梵蒂冈期间，天主教受到了新教的严重冲击。为了回应，保罗三世掀起了“反宗教改革”运动。米开朗基罗的西斯廷壁画《最后的审判》便是在这种氛围下而作。

Ranuccio Farnese (1530–1565)

小兰努其奥·法奈西

■ 保罗三世的孙子之一。15 岁时便被祖父封为红衣主教，被当时的人戏称“小小红衣主教”。

Ranuccio Farnese the Elder (c.1390–1450)

兰努其奥长老

■带领法奈西家族早期起家的军阀，也是保罗三世与“美人茱莉亚”的祖父。后世尊称“长老”。

Vannozza dei Cattanei (1442–1518)

瓦诺莎·德·卡特奈

■15 世纪意大利的贵族女子，但属于卡特奈家族的旁支末系。早期是几家小餐馆的老板，后成为教皇亚历山大六世的情妇，先后生下三子一女。相传也曾与亚历山大六世的政敌、教皇尤利安二世有染。

【2】富贵闲人们的八卦

2.1《高富帅路德维克》

Bronzino, Agnolo di Cosimo or Agnolo Bronzino (1503–1572)

布龙齐诺（尼奥洛·布龙齐诺）

■ 佛罗伦萨矫饰主义风格著名画家，师承蓬托莫。后进入美第奇宫廷出任画师，擅画肖像。著名作品有：《维纳斯和丘比特的寓言》《托莱多的埃利诺拉母子画像》等。

Cosimo I de" Medici (1519–1574)

托斯卡纳大公爵，科西莫一世·德·美第奇

■美第奇家族第一任大公爵。并非嫡系本支的科西莫在堂兄被刺杀后，在 17 岁时便继任公爵一位，成为美第奇一族的领头人。性格果断，少有高才，科西莫带领佛罗伦萨进入了最后一个黄金时代。

Eleanor of Toledo (1522–1562)

托斯卡纳大公爵夫人、托莱多的埃利诺拉

■来自古老西班牙家族，嫁给科西莫一世后，成为佛罗伦萨第一任大公夫人。一位虔诚的天主教徒，受到人民爱戴，也是科西莫最信任的人。但同时也喜爱赌博、旅游和华衣美服，生前一直雇用大批织者为她不断制造“金丝银线服”。

Giovanni Battista Tiepolo (1696–1770)

乔凡尼·巴蒂斯塔·提埃坡罗

■18 世纪意大利的洛可可画家。擅长绘制透视天顶画，活跃于欧洲各国。著名画作有：《西班牙的荣耀》《雅辛托斯之死》等。

Henry Holiday (1839–1927)

亨瑞·郝勒蒂

■英国 19 世纪末 20 世纪初的画家。画风偏于“拉斐尔前派”，擅画历史人物、风景和花窗玻璃。著名画作有：《最后的晚餐》《但丁与贝雅特丽齐的邂逅》等。

Homer

荷马

■ 古希腊最著名的游吟诗人。著有《伊利亚特》和《奥德赛》，合称《荷马史诗》。是欧洲文明四大史诗诗人之首。(其余三人分别是：维吉尔、但丁、弥尔顿)

Lodovico Capponi Junior (1533–1614)

路德维克·卡博尼(二世)

■ 16 世纪佛罗伦萨贵族子弟，卡博尼家族的嫡系长子。年轻时便已是大公爵科西莫的宠臣，后继承父业成为银行家。与妻子抹大莉娜的情事曾闹得整个佛罗伦萨贵族圈不得安宁。

Lodovico Capponi Senior(1482–1534)

路德维克·卡博尼(一世)

■ 16 世纪佛罗伦萨贵族、银行家、政治家与艺术供养人，也是卡博尼家族掌权人。在路德维克二世出生一年后便去世。他的死，让儿子成了佛罗伦萨当时最年轻的继承人。

Maddalena Vettori

抹大莉娜·维多利

■ 16 世纪佛罗伦萨贵族女子。丰厚的嫁妆和美貌的容颜，让她成为当时最抢手的贵女。她与路德维克二世的恋情成为当时贵族圈的大八卦，后在大公爵科西莫的同意下，终与路德维克结成夫妻。

Martelli Family

马泰利家族

■ 佛罗伦萨古老的贵族家族之一，家族涉及政、商、军、文。家族子弟乌戈利诺是 16 世纪著名人文学家。

Pietro Bembo (1470–1547)

彼得罗·本博

■ 文艺复兴时期著名学者、诗人、红衣主教，也是天主教军事修会“圣若望骑士团”骑士。彼得罗出身威尼斯贵族家庭，从小受到父亲影响，对文学有着莫大的兴趣，后为意大利语言的规格化做出了决定性的贡献。

Piero Salviati (c.1500s)

皮佐·萨瓦亚迪

■16 世纪佛罗伦萨贵族。抹大莉娜·维多利的继父。

Salviati Family

萨瓦亚迪家族

■ 佛罗伦萨重要贵族家族之一。其家族子女与当时意大利各大贵族都有联姻。

Ugolino Martelli (1519-1592)

乌戈利诺·马泰利

■ 16 世纪佛罗伦萨著名人文学家，是马泰利家族一员。

Virgil, Publius Vergilius Maro (70 BC–19 BC)

维吉尔

■古罗马诗人，其作品有：《牧歌集》《农事诗》和史诗《埃涅阿斯纪》。其中《埃涅阿斯纪》长达十二册，是一部基于《荷马史诗》的大型作品。

2.2《悲剧女王西顿斯夫人》

David Garrick (1717–1779)

大卫·盖里克

■18 世纪英国著名男演员。以出演“理查三世”而得到观众与评论家的认可，成为当时英国最受欢迎的男演员之一。

Edmund Burke (1729–1797)

埃德蒙·伯克

■ 18 世纪出身爱尔兰的著名哲学家、政治家和演说家。常被视为英美保守主义的奠基者。著名论文包括：《论崇高与美丽概念起源的哲学探究》《对法国大革命的反思》等。

Lady Macbeth

马克白夫人

■ 莎士比亚著名悲剧《马克白》中的女主人公，是莎士比亚笔下最壮丽的人物之一，也被誉为“最难演的女性角色”之一。

Sarah Siddons (1755–1831)

萨拉·西顿斯

■18 世纪英国著名悲剧女演员。出身威尔士一个平民家庭，父亲是一个巡演剧团的经理。受到身边人的熏陶，从小就表现出了表演天赋。最擅长塑造莎士比亚戏剧中的悲剧人物，以出演“马克白夫人”闻名于世。

Sir Joshua Reynolds (1723–1792)

约书亚·雷诺兹爵士

■ 18 世纪英国最著名的肖像画家，也是皇家艺术学院创始人之一与第一任院长。当时英国社会名流们都以拥有雷诺兹爵士所绘的肖像视为身份象征。相传是一位脾气非常好、“无人能与之交恶”、八面玲珑的人物。

2.3《保罗与法兰西斯卡》

Dante, Dante Alighieri (c. 1265–1321)

但丁·阿利吉耶里

■中世纪意大利著名诗人。出身在佛罗伦萨一个没落贵族家庭，年轻时因政治原因被放逐，从此再未返过家乡。在放逐期间著下传世名作《神曲》。

Francesca da Rimini or Francesca da Polenta (1255–c.1285)

法兰西斯卡·达·里米尼

■ 13 世纪意大利贵族女子，与但丁是同时期的历史人物。但丁把她与保罗的悲剧情事加以文学改编，写进了自己的著作《神曲》。

Giovanni Malatesta (c.1240–1304)

吉奥瓦尼·马拉泰斯塔

■ 13 世纪意大利贵族，因腿脚有残疾，也常被称为“瘸子吉奥瓦尼”。娶妻法兰西斯卡，因她与自己的弟弟通奸，吉奥瓦尼一怒之下把他二人杀害。

Joan of Arc (1412–1431)

圣女贞德

■ 15 世纪法国著名军事家，法国人视为民族英雄。曾在英法百年战争中带领军队对抗入侵，最终被捕并被处决。在 1920 年，去世五百年多后，被天主教封为圣人。

Paolo Malatesta (c. 1246–c.1285)

保罗·马拉泰斯塔

■ “瘸子吉奥瓦尼”的弟弟。相传，相貌英俊、四肢完好的保罗恋上了嫂子法兰西斯卡。后因与她通奸被哥哥逮到，双双被杀。

Tristan and Iseult

崔斯坦和伊索德

■ 12 世纪法国诗歌中杜撰的人物。两人的爱情故事是西方后世许多经典的灵感起源，这其中包括“亚瑟王传奇”中“桂尼薇尔”与“兰斯洛特”和莎士比亚的“罗密欧”与“朱丽叶”。

2.4《唐顿庄园的秘密》

John Musters (c.1700s –1800s)

约翰·玛斯特

■ 18 世纪末 19 世纪初的英国名流，妻子是著名美人索菲亚·黑伍德。深爱妻子，在妻子回心转意后，与她携手一生，恩爱到老。索菲亚 61 岁去世时，约翰悲恸欲绝。最终，在她的墓碑上刻下了最后的别语，“最爱她的丈夫立此碑：你是优雅、美丽与真理的化身。你是我的挚爱，索菲亚”。

Sophia Heywood (Mrs. Musters) (1758 –1819)

索菲亚·黑伍德（玛斯特夫人）

■ 18 世纪末 19 世纪初的英国名流，以年轻貌美闻名上流社会。早期并不爱丈夫，但最后也终于与他坠入爱河。

【3】桂冠文人们的八卦

3.1《女诗人莎孚》

Alcaeus of Mytilene (c.620 BC -- ?)

米蒂利尼的阿尔卡艾乌斯

■古希腊诗人，与情人莎孚同出身于莱斯波斯岛的贵族阶级，也与她同是九大抒情诗人之一。

Plato (c.428 BC – c.347 BC)

柏拉图

■著名古希腊雅典哲学家。他是苏格拉底的学生，也是亚里士多德的老师。这师徒三人被认为是西方哲学的奠基者，史称“西方三圣贤”。

Sappho (c.630 BC – c.570 BC)

莎孚

■ 古希腊女诗人，九大抒情诗人之一。出身莱斯波斯岛的贵族阶级，一生写过无数情诗、婚歌、颂神诗等，流传至今却只余散诗残片。相传为史上第一位被记载的女同性恋者。

Solon (c. 638 BC – c.558 BC)

梭伦

■ 古希腊雅典城的政治家、执政官、诗人，与女诗人莎孚是同一时代的历史人物。

3.2《真假莎士比亚》

Anne Hathaway (1555/1556 –1623)

安妮·海瑟薇

■英国著名剧作家莎士比亚的妻子，两人在 1582 年，安妮 27 岁时成婚。

Hamnet Shakespeare (1585 – 1596)

哈姆内特·莎士比亚

■ 莎士比亚与海瑟薇唯一的儿子，11 岁时便去世，与妹妹朱迪丝是龙凤胎。儿子早夭的打击让莎士比亚悲痛不已，写下了《哈姆雷特》等剧作来纪念他。

Henry Wriothesley, 3rd Earl of Southampton (1573 –1624)

南安普敦伯爵三世，亨利·里奥谢思利

■ 与莎士比亚同时代的贵族，以美貌著称英国宫廷。莎士比亚经常在诗歌里把他描写成“美貌的少年”。

Judith Quiney (née Shakespeare) (1585 –1662)

朱迪丝·莎士比亚

■莎士比亚与海瑟薇的二女儿，与哈姆内特是龙凤双胞胎。后嫁给了一位酿酒师。

Richard III of England (1452 –1485)

英格兰国王，理查三世

■ 15 世纪英国金雀花王朝的最后一任国王。他的死成为“玫瑰战争”的终结点，也象征了中世纪英国的结束。他的生平启发莎士比亚创作了著名的历史剧《理查三世》。

Sir Thomas Lucy (1532 –1600)

托马斯·鲁西

■ 16 世纪英国沃里克郡的乡绅，莎士比亚年轻时曾与之有过节。

Susanna Hall (née Shakespeare) (1583 –1649)

苏珊娜·莎士比亚

■ 莎士比亚与海瑟薇的大女儿，也是莎士比亚最宠爱的孩子，后嫁给了一位医生。

William Hogarth (1697 –1764)

威廉·贺加斯

■ 17 世纪英国的画家、版刻家、漫画家、讽刺家和社会评论家。著名画作有：《时髦婚姻》《啤酒街》《金酒小巷》等。

William Shakespeare (1564 –1616)

威廉·莎士比亚

■ 英国文学史上最杰出的戏剧家，也是西方文艺史上最杰出的作家之一。著名作品有：《罗密欧与朱丽叶》《仲夏夜之梦》《哈姆雷特》等。

William the Conqueror, William I of England (c. 1028 –1087)

征服者威廉

■ 11 世纪英国国王，也是英格兰第一位诺曼人国王。因其乃是罗贝尔一世的私生子，所以也被敌人称为“杂种威廉”。但因其骁勇善战，也被后世称为“征服者威廉”。

3.3《浪荡拜伦家族》

Amelia Osborne (née Darcy), Marchioness of Carmarthen (1754 –1784)

卡玛森侯爵夫人，阿米莉亚·达西

■ 18 世纪英国贵族女子，出身富裕，父亲厚德尼斯伯爵曾出任过威尼斯与荷兰大使一职。嫁给卡玛森侯爵后，被尊称为卡玛森侯爵夫人，自身也是一位女伯爵。后被诗人拜伦之父勾引，与丈夫离婚，下嫁给了拜伦之父。

Anne Isabella Noel Byron, 11th Baroness Wentworth and Baroness Byron (1792 –1860)

第十一代温特沃斯女爵 & 第六代拜伦男爵夫人，安妮·伊莎贝拉·拜伦

■ 19 世纪英国贵族女子，上流社会中著名的才女，儿时便已显出过人的智商。幼时父母为她聘请了剑桥大学教授为导师，学习的范围包括古典文学、哲学、科学与数学。后嫁给大诗人拜伦为妻。

Augusta Maria Leigh (née Byron) (1783 –1851)

奥古斯塔·李

■ 18 世纪末 19 世纪初的英国贵族，阿米莉亚·达西与诗人拜伦之父唯一的孩子。她也是诗人拜伦同父异母的姐姐。

Catherine Gordon (? – 1811)

凯瑟琳·戈登

■ 18 世纪苏格兰的贵族女子，后嫁给了约翰·拜伦，生下了诗人拜伦。

Charles II of England (1630 –1685)

英国国王，查理二世

■正式称呼应为苏格兰爱尔兰及英格兰的国王，也是被砍头的英王查理一世之子。不同于其父，生前深受民众喜爱，人称“快活王”。

Claire Clairmont (1798 –1879)

克莱尔·克莱尔蒙特

■ 19 世纪英国女作家玛丽·雪莱的继妹。生前曾做过拜伦的情妇，为他产下过一私生女。

Eleanor Needham, Lady Byron (1627 – 1664)

第一代拜伦男爵夫人，艾琳诺·尼达姆

■ 17 世纪英国贵族女子，科姆罗伊子爵之女，当时上流社会著名的美人。

Elizabeth Lamb (née Milbanke), Viscountess

Melbourne(1750－1818)

墨尔本子爵夫人，伊丽莎白·莱博

■ 19 世纪英国贵族女子，也是当时最具影响力的政治人物之一，以精明果断、善洞察人心著称。她是诗人拜伦妻子的姑姑，也是诗人拜伦的好友，更是诗人拜伦情妇的婆婆。

Francis Godolphin Osborne, 5th Duke of Leeds (1751－1799)

第五代利兹公爵，弗朗西斯·奥斯博

■ 18 世纪英国贵族和政治家，曾出任外交及联邦事务大臣一职。早期被称为卡玛森侯爵，后继承了父亲的爵位，成为第五代利兹公爵。第一任妻子便是被诗人拜伦之父勾引走的阿米莉亚·达西。

George I of Great Britain (1660－1727)

英国国王，乔治一世

■ 正式称呼应为大不列颠王国及爱尔兰国王，是英国汉诺威王朝的第一位国王。在他的统治下，王权开始被渐渐削弱，英国开始进入了由首相和内阁管理的现代政治系统。

Georgiana Darcy

乔治安娜·达西

■18 世纪小说家简·奥斯汀《傲慢与偏见》中的人物。她是男主角“达西先生”之妹，曾被书中的浪子角色“韦翰姆”给勾引走。

George Wickham

乔治·韦翰姆

■ 18 世纪小说家简·奥斯汀《傲慢与偏见》中的人物。他是书中主要的反派角色，一个到处行骗、赌博、勾引女人的花心浪子。

Henry Edward Yelverton, 19th Baron Grey de Ruthyn (1780－1810)

第十九代盖里男爵，亨利·爱德华·耶尔弗顿

■ 18 世纪末 19 世纪初的英国贵族，曾是诗人拜伦的朋友，也是他祖宅的租客。

James I of Scotland (1394－1437)

苏格兰王，詹姆斯一世

■ 15 世纪苏格兰国王，也是斯图亚特王朝第一任真正掌权的君主。他 12 岁时阴错阳差被海盗逮住，后被献给了当时的英国国王，从此开启他在英国宫廷长达 18 年的拘留生活。

Jane Austen (1775－1817)

简·奥斯汀

■ 18 世纪英国著名小说家，也是历史上最著名的女作家之一。著名作品有：《傲慢与偏见》《理智与情感》《爱玛》《诺桑觉寺》等。

Jane Elizabeth Harley (née Scott), Countess of Oxford and Countess Mortimer (1774–1824)

牛津伯爵夫人 & 莫迪默伯爵夫人，简·伊丽莎白·哈雷

■ 18 世纪末 19 世纪初的英国贵族女子，嫁给爱德华·哈雷后成为牛津和莫迪默伯爵夫人。曾与诗人拜伦有过一段情。

John "Mad Jack" Byron (1756－1791)

“疯子”约翰·拜伦

■ 18 世纪英国军官，也是大诗人拜伦之父。

John Byron, 1st Baron Byron (1599－1652)

第一代拜伦男爵，约翰·拜伦

■ 17 世纪英国保王党成员，查理一世的拥戴者，后被赐予拜伦男爵之位。

Juliana Byron

朱莉安娜·拜伦

■ 18 世纪英国拜伦家族中人物，也是大诗人拜伦的姑姑。

Lady Caroline Lamb (1785－1828)

贵女卡罗兰·莱博

■ 18 世纪末 19 世纪初英国贵族女子，嫁给了墨尔本子爵，威廉·莱博，后来的英国首相。但因为她在威廉·莱博继承墨尔本子爵前便去世了，所以历史上只能称之为“贵女”，并无确切的爵位称号。她生前曾是诗人拜伦的情人之一，以精明著称的伊丽莎白·莱博，正是她的婆婆。

Lord Byron, George Gordon Byron, 6th Baron Byron (1788－1824)

第六代拜伦男爵，乔治·戈登·拜伦，人称“拜伦勋爵”

■ 19 世纪英国著名诗人，是“浪漫主义”文化运动中的领头人物，也在希腊独立战争中起到了重要作用。著名作品有：《懒散的时刻》《恰尔德·哈罗尔德游记》等。

Mary Shelley (1797－1851)

玛丽·雪莱

■ 19 世纪英国著名小说家、剧作家，母亲是早期女权主义者和哲学家玛丽·沃斯通克拉夫特，丈夫是著名浪漫主义诗人珀西·比希·雪莱，好友则是大诗人拜伦。著名作品有：《科学怪人》等。

Percy Bysshe Shelley (1792－1822)

珀西·比希·雪莱

■ 19 世纪英国著名浪漫主义诗人，他与好友拜伦被一些学者认为是历史上最出色的英语诗人。第二任妻子便是著名哥特小说家玛丽·雪莱。著名作品有：《一朵枯萎的紫罗兰》《西风颂》《致云雀》等。

Robert Darcy, 4th Earl of Holderness (1718－1778)

第四代厚德尼斯伯爵，罗伯特·达西

■ 18 世纪英国贵族和政治家，曾先后担任了英国驻威尼斯和荷兰大使。唯一的继承人便是女儿阿米莉亚·达西。

William Byron, 5th Baron Byron (1722－1798)

第五代拜伦男爵，威廉·拜伦

■ 18 世纪英国贵族，人称“邪恶拜伦”。拜伦家产便是从他这一代开始消散。

William Lamb, 2nd Viscount Melbourne, Lord Melbourne (1779－1848)

第二代墨尔本子爵威廉·莱博

■ 18 世纪末 19 世纪初的英国贵族和政治家，曾出任过内政大臣和首相一职。贵女卡罗兰·莱博是他的妻子。

【4】 圣经旧典中的八卦

4.1《参孙和蒂莉拉》

Dagon

大衮

■ 菲利士人信奉的神明。

Delilah

蒂莉拉

■旧约圣经《士师记》中的人物。大力士参孙的情人，也是背叛他的人。收到菲力士人的金币后，替他们剪掉了参孙的力气之源——他的头发。

Samson

参孙

■旧约圣经《士师记》中的人物。相传，生于公元前 11 世纪的以色列。在出生时便被上帝赐予极大的力气，可以徒手击杀雄狮，是菲力士人的克星。唯一的弱点便是不能剪头发，否则天赐的力气就会流失。

4.2《罗得与他的女儿们》

Lot

罗得

■ 旧约圣经中的人物。索多玛毁灭后，与女儿们踏上了逃亡之路。其间的乱伦行为被记载入册。

4.3《亚当前妻莉莉丝》

Adam

亚当

■ 据圣经的记载，亚当是上帝创造出来的第一个人。他的形象，则是神按照自身的样子所造。后因违背上帝的命令，吃了“善恶树”的果子，与妻子夏娃被逐出了神的伊甸园。

Azrael

亚兹拉尔

■ 一些传统和民间传说中的死亡天使之一。在西方绘画形象中有时会与萨麦尔重叠。

Eve

夏娃

■ 据圣经的记载，夏娃是上帝取亚当身上的"肋骨"而造成的女人。后因与丈夫亚当，偷尝"善恶树"上的禁果，而被神逐出了伊甸园。

Faust

浮士德

■ 德国民间传说中的人物。本是一位学者(亦有说法为占星师)，因不满足现状，而与魔鬼做交易。为了换取更至高无上的知识与权力，他出卖了自己的灵魂。

Lilith

莉莉丝

■ 犹太神话中的人物，源于犹太宗教文献《塔木德》，亦出现在苏美尔神话当中。在这些文化中，她被描写成亚当的第一任妻子，也是上帝用泥土所造，因此与亚当地位平等。因不愿给亚当做小伏低，而离开伊甸园。后被多种传闻描绘为"魔女""撒旦的情人""吸血鬼之祖"等。因自身形象常与蛇有关，也被一些学者认为乃是诱惑夏娃去偷尝禁果的"蛇"的分身之一。

Lilin

莉林

■ 相传乃是莉莉丝与萨麦尔之女，亦称"Lilim"。常随母亲穿梭在男人们的梦中，吸取精血。

Samael

萨麦尔

■ 犹太宗教文献与传说中人物。相传是上帝身边一位重要的天使长(大天使)，担任"死亡天使"一职。后与莉莉丝相恋，而被逐出天堂。亦有传闻，"萨麦尔"正是"路西法"(撒旦)堕落前的名字。

【5】 诗 歌 传 说 中 的 八 卦

5.1《夏洛特的贵女》

Lady of Shalott

夏洛特的贵女

■ 英国维多利亚时期著名诗人丁尼生的作品《夏洛特的贵女》中的主角。丁尼生这首诗的灵感来源于"亚瑟王传奇"中为了"兰斯洛特"而心碎至死的贵女"阿斯托拉特的爱莲"这段故事。

Lancelot of Camelot

卡美洛的兰斯洛特

■ 丁尼生诗歌《夏洛特的贵女》中的人物。原型源自"亚瑟王传奇"中的同名人物。

Lord Tennyson, Alfred Tennyson (1809–1892)

阿尔弗雷德·丁尼生

■ 19世纪英国著名的桂冠诗人。出身于一个富裕的牧师家庭，兄弟三人均有诗才。受到了阿尔伯特亲王与维多利亚女王的赏识，后从平民身份升为男爵。著名作品有:《悼念》《尤利西斯》《夏洛特的贵女》等。

5.2《包西斯和费莱蒙》

Baucis & Philemon

包西斯和费莱蒙

■ 古罗马诗人奥维德作品《变形记》中一对贫穷的老夫妻。因款待了易装而行的天神宙斯与其子赫米斯，获得神的眷顾，逃过了一劫。

Hermes

赫米斯

■ 宙斯之子，奥林匹斯十二主神之一。旅行者、牧人、商人和小偷与骗子之神。他也是神界与人界之间的信使之一。

Ovid (43 BC – AD 17/18)

奥维德

■ 与维吉尔齐名的古罗马诗人，生前作品便在罗马帝国十分流行。代表作《变形记》。

Zeus

宙斯

■ 奥林匹斯十二主神之首，众神之王，主管天空下的一切事务。

5.3《大法师梅林》

Edward Burne-Jones (1833-1898)

爱德华·伯纳－琼斯

■ 19世纪英国著名画家和设计家，主要风格受到了"拉斐尔前派"的影响。作品多以古希腊罗马和中世纪的传说为题材。代表作有:《梅林中计》《废墟中的爱》《亚瑟王的最后一餐》等。

Henry Fuseli (1741-1825)

亨利·富塞利

■ 18世纪末19世纪初出身瑞士裔的英国艺术家，精通四国语言(英语、法语、德语、意大利语)也是一位著名的思想家。生前在欧洲十分知名，曾与当时女性主义哲学家玛丽·沃斯通克拉夫特有过一段情。代表画作有:《梦魇》《仲夏夜之梦》等。

King Arthur (Arthur Pendragon)

亚瑟王(亚瑟·潘德拉刚)

■ 中世纪传说中的英国国王，也是圆桌骑士团的骑士首领。欧洲中世纪作家们对"亚瑟"的传奇身世，和他的王后"桂妮薇尔"与属下"兰斯洛特爵士"之间的奸情都各有描述。而"亚瑟王"在历史上的真实性也引起了史学家们的争议。

Maria Zambaco (1843–1914)

玛利亚·瓒巴蔻

■ 19世纪英国著名美人，是"拉斐尔前派"画家们常用的模特之一。出身于富裕的英国希腊裔家庭，与同有希腊血统的表姐妹三人被当时上流社会称为"美惠三女神"。她与伯纳-琼斯之间的婚外恋情在当时保守的维多利亚社会曾掀起了惊涛巨浪，但最后也以失败告终。

Merlin

梅林

■ 中世纪传说中以辅佐"亚瑟王"为己任的大魔法师。相传是凡间公主与梦魇结合后所产下的孩子。这半人半魔的血统让他天生便继承了高深的魔法。

Nimue

妮缪

中世纪"亚瑟王"传说中的人物。因版本有许多，其身份来源不明，被同时称为"薇薇安""湖夫人"与"湖中妖女"等，但与法师"梅林"之间的情感纠葛却是被广泛认可的。

Psyche

普赛克

■ 古罗马神话中爱神丘比特之妻，出自阿普里尤斯的《金驴记》。

Queen Guinevere

王后桂尼薇尔

■ 中世纪传说中英王"亚瑟"之妻。相传美若天仙，嫁给"亚瑟"后本是受到民众爱戴的王后，却最终因自己与"兰斯洛特"的私情而分裂了圆桌骑士。

Uther Pendragon

尤瑟·潘德拉刚

■ 中世纪传说中的英王，是"亚瑟王"之父，也是女巫"摩根勒菲"的继父，人称"尤瑟王"。

【6】 大 艺 术 家 们 的 八 卦

6.1《好斗宗师卡拉瓦乔》

Apelles (4th century BC)

阿佩莱斯

■ 古希腊最著名的画师之一，曾效力于腓力二世和其子亚历山大大帝。相传，阿佩莱斯曾以亚历山大的情妇为“维纳斯”的模特。当亚历山大看到完美绝伦的成品后，觉得阿佩莱斯比自己更能欣赏且爱慕情妇的美貌，便决定把画拿走，情妇则留给了阿佩莱斯。

Alexander the Great (356 BC –323 BC)

亚历山大大帝

■ 马其顿的亚历山大三世，人称“亚历山大大帝”。少时，由大哲学家亚里士多德辅导成学。**30** 岁时，便已创立了古代历史上最大的帝国，其疆域从爱奥尼亚海一直延伸到喜马拉雅山脉。一生未尝败绩的亚历山大，在 **32** 岁时在巴比伦驾崩。不过他所建立的亚历山大港则兴盛了千年之久。那里曾是世界最大的港口和文化中心，也是古世界七大奇迹之一，“亚历山大灯塔”的坐落处。这座古世界的庞然大物，在倒塌前应是仅次于胡夫金字塔和卡弗拉金字塔的第三高建筑物。

Benedetto Giustiniani (1554 –1621)

本尼第透·朱斯蒂尼亚尼

■ 侯爵威琴奏的哥哥，兄弟俩都是爱琴海东部岛屿希俄斯岛的最后统治者朱塞佩·朱斯蒂尼亚尼的儿子。在土耳其占领了希俄斯岛后，朱塞佩把兄弟俩都带到了罗马，来投靠一个在这里做红衣主教的族兄。朱塞佩在族兄的帮助下成为梵蒂冈御用银行家，死时已是罗马最富有的人之一。弟弟威琴奏继承了家业，而哥哥本尼第透则追随族叔的脚步进入梵蒂冈，成为红衣主教。

Caravaggio, Michelangelo Merisi da Caravaggio (1571? –1610)

卡拉瓦乔

■ 罗马巴洛克早期最著名的画家之一。生于米兰，师承提香的弟子西蒙那·皮特赞诺。**1600** 年后活跃于罗马，但在 **6** 年后因误杀一人而开始逃亡。**1610** 年 **7** 月死在归来罗马的路上。死因不明。最出名的作品有：《圣彼得受难》《圣马太蒙召》《圣母玫瑰经》《圣母之死》等。

Giovanni Baglione (1566 –1643)

乔瓦尼·巴格里奥内

■ 生于罗马、死于罗马的早期巴洛克艺术家。早期画风偏向于矫饰主义风格，后受到卡拉瓦乔影响，画风转变成了自然主义。视卡拉瓦乔为一生死敌。

Jeff Koons(1955-)

杰夫·昆斯

■ 当代著名艺术家。曾娶艳星（后意大利国会议员）伊萝娜·史特拉为妻。

Leonardo da Vinci (1452 – 1519)

列奥纳多·达·芬奇

■ 意大利文艺复兴时期著名的博学者。除了是画家，他还是雕刻家、音乐家、数学家、发明家、解剖学家、地质学家、植物学家、作家、制图师和建筑师。在艺术领域里，与米开朗基罗和拉斐尔并称“文艺复兴三杰”。著名作品有：《最后的晚餐》《蒙娜丽莎》《岩石圣母》等。

Michelangelo, Michelangelo di Lodovico Buonarroti Simoni (1475 –1564)

米开朗基罗

■ 意大利文文艺复兴时期著名的雕塑家、建筑师、画家和诗人。生于托斯卡纳，数月后全家移居到佛罗伦萨。师承多梅尼科·基尔兰达约，在 **14** 岁时得到恩师推荐，进入美第奇人文学院学习。早期活跃于佛罗伦萨，后在教皇尤里乌斯二世任期中，受邀入罗马梵蒂冈画西斯廷礼拜堂的天顶画《创世纪》。在尤里乌斯二世薨逝后，再次返回佛罗伦萨接收美第奇家族的资助，为美第奇家族设计教堂和一系列雕塑。后重返罗马，完成了西斯廷壁画《最后的审判》与梵蒂冈圣彼得大教堂的圆顶设计。**1564** 年 **2** 月 **18** 日，去世于罗马，享年 **88** 岁。尊随他的遗愿，遗体自罗马运回佛罗伦萨，最终长眠在了佛罗伦萨圣十字圣殿。

Peter Paul Rubens(1577 –1640)

彼得·保罗·鲁本斯

■ 佛兰德斯巴洛克的著名画家、外交家和人文学家，其奢华的画风奠定了巴洛克鼎盛时期的风格。曾在生前接受了西班牙国王与英国国王所受的爵位。著名作品有：《玛丽·美第奇的生平》《劫夺留西帕斯的女儿》《维纳斯与安东尼斯》等。

Raphael, Raffaello Sanzio da Urbino (1483 –1520)

拉斐尔

■ 意大利文艺复兴时期的著名画家、建筑师与廷臣。生于早期意大利文化中心乌尔比诺城，父亲是当地公爵的宫廷画家。幼年时跟随父亲学习绘画启蒙，后转拜佩鲁吉诺为师，于 **1500** 年出师。四年后移居到佛罗伦萨，受到了达·芬奇与米开朗基罗两人各自的画风影响，风格日渐成熟，从而迅速与两人齐名。后世称这三人为“文艺复兴三杰”。**1509** 年时也受到教皇尤里乌斯二世的邀请入罗马梵蒂冈作画。**1520** 年在他生日当天，逝于罗马。石棺上由好友文艺复兴诗人彼得罗·本博，刻下最后道别：“长眠于此的是著名的拉斐尔。他生时，自然女神畏之被征服；他逝后，她惧己随之而灭亡。”著名作品有：《雅典学院》《椅上圣母子》《西斯廷圣母》《波尔戈的火警》《伽拉泰亚的凯旋》等。

Vincenzo Giustiniani (1564 – 1637)

威琴奏·朱斯蒂尼亚尼

■ 红衣主教本尼第透的弟弟，兄弟俩都是爱琴海东部岛屿希俄斯岛的最后统治者朱塞佩·朱斯蒂尼亚尼的儿子。在土耳其占领了希俄斯岛后，朱塞佩把兄弟俩都带到了罗马，来投靠一个在这里做红衣主教的族兄。朱塞佩在族兄的帮助下成为梵蒂冈御用银行家，死时已是罗马最富有的人之一。弟弟威琴奏继承了家业，而哥哥本尼第透则追随族叔的脚步进入梵蒂冈，成为红衣主教。

6.2《辣手摧花贝尼尼》

Claude Lorrain (c.1600 –1682)

克洛德·洛林

■ 活跃在巴洛克时期罗马的法国画家、版刻家，其风景画受到世人追捧，对后世风景画的发展影响很深。

Costanza Bonarelli, Costanza Piccolomini Bonarelli (c.1600 –1662)

卡斯坦莎·博纳瑞力（卡斯坦莎·皮克罗米尼·博纳瑞力）

■ 出身皮克罗米尼家族旁支，少时家境陷落。嫁给博纳瑞力后，生活环境才开始改善。年轻时的美貌颇具盛名，贝尼尼爱她到不可自拔，曾为了她和自己的弟弟拔剑相向。破相后则凭玲珑的手腕，成为罗马当时一大艺术品经销商，克洛德·洛林也是她的客户与好友。

Gian Lorenzo Bernini (1598 –1680)

济安·洛伦佐·贝尼尼

■ 罗马巴洛克鼎盛时期最著名的雕塑家。生于那不勒斯，父亲是矫饰主义雕塑家彼得·贝尼尼。八岁时随父进罗马，其天赋受到了当时著名画家安尼巴莱·卡拉奇与教皇保罗五世的赏识，从此得到了梵蒂冈教廷的庇护，一直到死。除了在痴恋卡斯坦莎这件事上跌落过外，基本一生顺遂。

Luigi Bernini (1612 –1681)

路易吉·贝尼尼

■ 罗马著名雕塑家济安·贝尼尼的弟弟，也是一位雕塑家。相传性情乖戾，曾与哥哥的情妇通奸不说，还曾在梵蒂冈某角落内被逮到鸡奸一男子。

Matteo Bonarelli (c.1600 –1654)

马特尤·博纳瑞力

■ 卡斯坦莎·皮克罗米尼之夫。两人少时为夫妻，后曾在贝尼尼工作室任职，也是此时贝尼尼认识了卡斯坦莎。

Nicolas Poussin (1594 –1665)

尼古拉·普桑

■ 主要活跃在意大利的法国画家，画风更倾向于古典主义画派。与克洛德·洛林结识在罗马，二人在描绘风景上的画风互相影响。曾在 **1640** 年短期返回